Hans-Peter Kolb

Psychologisch-philosophische Untersuchungen

Für ein liebevolles Verständnis
unseres menschlichen Daseins

Hans-Peter Kolb

Psychologisch-philosophische Untersuchungen

Für ein liebevolles Verständnis unseres menschlichen Daseins

Bibliografische Information der Deutschen Nationalbibliothek:
Die Deutsche Nationalbibliothek verzeichnet diese Publikation in
der Deutschen Nationalbibliografie; detaillierte bibliografische
Daten sind im Internet über dnb.dnb.de abrufbar.

Herstellung und Verlag:
BoD – Books on Demand, Norderstedt

ISBN: 9783751904629

Für Heidi, Michaela und Daniel

„Ich muss verstehen. Zu diesem Verstehen gehört für mich auch das Schreiben." (Arendt, Denken ohne Geländer, 2017, S. 11)

See with your heart, not with your brain,
`Cause what we need is love again,
See with your heart, not with your head,
`Cause what you see is what you get!
(eigener Liedtext)

Inhaltsverzeichnis

Vorwort

Die folgende Sammlung kleinerer und größerer Schriften entstand teilweise dadurch, dass ich mir eigene Gedanken bei der Fachliteratur zu entsprechenden Themen machte, zum Großteil aber wurde ich in den psychotherapeutischen Gesprächen mit meinen Klienten dazu angeregt, über bestimmte Themen und Probleme nachzudenken und mich darüber mit ihnen auszutauschen. Insofern verdankt dieses Buch seine Entstehung vor allem meinen Klienten, denen ich an dieser Stelle danken möchte, und den Möglichkeiten, die mir meine Tätigkeit als psychologischer Psychotherapeut bietet.

Wenn Sie sich vielleicht darüber wundern, weshalb es keine Kapitel über Sexualität und Partnerschaft gibt, so kann ich Sie dazu auf mein Buch „Liebe, Macht und Sexualität" (Kolb, 2017c) verweisen, in welchem auch meine Daseinsanalyse neben „Dasein, um zu lieben" (Kolb, 2017a) ausführlich dargestellt ist. Wen religiöse Themen, die natürlich auch in jeder Psychotherapie vorkommen können, besonders interessieren, der oder dem kann ich mein Buch „Religion, Ökumene und Liebe" (Kolb, 2017d) empfehlen. Was den eigentlichen psychotherapeutischen Prozess aus daseinsanalytischer Sicht betrifft (philosophisches Menschenbild, psychologische und psychoanalytische Begriffe, Erklärung psychischer Störungen und psychotherapeutische Konsequenzen), so verweise ich auf „Daseinsanalyse in der Psychotherapie" (Kolb, 2017g).

Mein Grundverständnis als Psychotherapeut besteht darin, immer mehr ein liebevolles Verständnis für alles Menschliche zu entwickeln und dies möglichst liebevoll dann meinen Klienten zu vermitteln. Ich bin mir im Klaren darüber, dass mir beides niemals vollkommen gelingen wird, aber der Weg dahin ist für mich das Ziel, und „aus Fehlern wird man klug, drum ist einer nicht genug".

Je mehr es uns gelingt, unser menschliches Dasein dahingehend zu verstehen, was für einen Sinn es hat, wozu wir überhaupt da sind, obwohl wir so viele Belastungen haben und so viel

Leid erleben, obwohl es uns immer wieder schwer fällt, Entscheidungen zu treffen, ohne sie hinterher zu bereuen, obwohl wir im Grunde so wenig wissen, obwohl Sinnlichkeit oft abgelehnt und Herzlichkeit belächelt wird, obwohl wir immer wieder mit Ungerechtigkeiten konfrontiert sind, obwohl Ehrlichkeit, Vertrauen und Wahrheit so oft mit Füßen getreten werden, und – was dem ganzen noch die Krone aufsetzt – obwohl wir genau wissen, dass wir sterben werden und danach von uns in dieser Welt, von der bald auch nichts mehr übrig sein wird, nichts mehr existiert, desto mehr benötigen wir ein liebevolles, und das heißt für mich ein möglichst echtes und unmittelbares Verständnis unseres Daseins, wozu und worum willen wir da sind. In seiner Vollkommenheit habe ich dies die Utopie der vollkommenen Liebe genannt habe (Kolb, 2017a). Wenn wir so unsere Liebesfähigkeit, die jeder von Geburt an schon mitbringt, immer weiterentwickeln, wird uns alles Menschliche immer vertrauter.

Es geht nicht nur um das Verständnis des Gemeinschaftlichen, sondern auch um das Verständnis jedes einzelnen und darum zu verstehen, wie jeder in den verschiedenen gemeinschaftlichen Situationen[1] jeweils sein kann, sei es in der Ausübung einer Funktion oder Rolle oder aufgrund seiner Fähigkeiten und Fertigkeiten. Da niemand alle Konsequenzen seines Handelns voraussehen kann, bedeutet wachsendes Verständnis, dass wir jedem Menschen immer weniger etwas persönlich übelnehmen können (allgemein schon, aber immer weniger persönlich). Aufgrund der Unwägbarkeit der Zukunft geben wir mit wachsendem Verständnis immer mehr Versprechen, die wir so gut wie möglich halten, und bei all

---

[1] Eine Situation ist ein raumzeitlich bezüglich eines Zieles bzw. eines Worumwillens begriffener Zusammenhang, in dem ein Lebewesen innerhalb bestimmter räumlicher und zeitlicher Grenzen bzw. Horizonte materielle Gegensätze unterscheiden bzw. wahrnehmen, Aussichten beurteilen (was auf es zukommen kann) und praktische Zusammenhänge sowohl induktiv als auch deduktiv, als auch conduktiv schlussfolgernd sich erschließen kann, wo etwas im Allgemeinen herkommt, wo etwas im Speziellen hinführen und womit man im Einzelnen zusammengeführt werden kann.

den Widrigkeiten unseres Daseins, die ich oben teilweise aufgezählt habe, können wir mit wachsender Liebesfähigkeit die Situationen, in denen wir jeweils ankommen, immer dankbarer annehmen.

Je weniger wir persönlich jemandem etwas übelnehmen, desto mehr befreien wir uns von Hass, der uns zerfrisst. Je mehr wir schlimme Taten allgemein übelnehmen, desto motivierter sind wir, sie in Zukunft besser zu verhindern und das schon entstandene Leid zu mindern. Je mehr wir vorab Entscheidungen treffen und Versprechen geben und halten, desto mehr befreien wir uns von Einschränkungen, die wir gemeinsam überwinden können, und von einer zukünftigen Qual der Wahl, und je mehr wir die momentane Situation, in die wir geworfen wurden, dankbar annehmen, desto freudiger packen wir an und desto mehr befreit sind wir von dem Zwang, etwas ändern zu müssen. Daraus folgt insgesamt: Liebe macht frei.

Im zehnten Kapitel konnte ich einem ernsten Thema eine humorvolle Seite abgewinnen und möchte dafür ein Zitat von Pestalozzi für mich in abgewandelter Form in Anspruch nehmen, der meinte, eine Unterrichtsstunde, in der nicht wenigstens einmal gelacht wurde, sei keine gute Unterrichtsstunde. Insofern sollte man bei einem guten Buch auch wenigstens einmal lachen dürfen. Danach folgen wieder ernstere Gedanken zur Philosophie, wozu mich Hannah Arendt angeregt hat mit ihren Texten in „Denken ohne Geländer" sowie mit den anderen Büchern von ihr im Literaturverzeichnis. Das zwölfte Kapitel beschäftigt sich ganz mit Hannah Arendts Buch „Vom Leben des Geistes. Das Denken. Das Wollen" und ihrem nicht mehr geschriebenen Buch über das Urteilen. Der Grund dafür liegt darin, dass sie als politische Philosophin, wie sie oft bezeichnet wird, an den Grundlagen des Handelns interessiert war, und dazu gehören bei uns Menschen die nicht wahrnehmbaren Aktivitäten in besonderem Maße. Dies spielt in allen zwischenmenschlichen Beziehungen eine wichtige Rolle, nicht nur in den politischen, sondern auch in meinem Interessengebiet, nämlich in den psychotherapeutischen Beziehungen.

Im vorletzten Kapitel habe ich verschiedene Konzeptionen von Liebe analysiert und kritisiert, vor allem christliche Konzepte, wie sie sich bis heute entwickelt haben, und ihnen meine eigene Konzeption gegenübergestellt. Schließlich bin ich im letzten Kapitel auf das Problem der Selbstfindung eingegangen, dem wir meist etwas ambivalent gegenüberstehen aus Angst, etwas Negatives dabei über uns zu erfahren. Letztlich aber führt die Selbstfindung konsequent betrieben zur Vervollkommnung unserer Liebesfähigkeit, wir lernen immer mehr, andere und uns selbst gleichermaßen zu lieben.

In der Hoffnung, mein Verständnis unseres Daseins und darüber, was Liebe für mich bedeutet und meiner Auffassung nach für uns alle bedeuten sollte, etwas verständlicher zu machen, möchte ich Sie als Leser nun einladen, die folgenden Kapitel zu lesen.

1. Psychische Belastungsstörungen

Da Belastungen immer auch mit Schmerzen verbunden sind, und weil sowohl körperlicher als auch seelischer Schmerz in denselben Gehirnregionen verarbeitet werden, gibt es bei psychischen Belastungen immer auch körperliche Anteile. In gewisser Weise <u>sind</u> wir dann unser Körper, obwohl wir meistens denken, dass wir einen Körper <u>haben</u>. Gerade unter Belastungen körperlicher wie seelischer Art erfahren wir unsere Leiblichkeit, nämlich alle Regungen unseres Körpers, und unsere Lebendigkeit. Wenn wir derart von unseren Regungen ergriffen werden, sind wir in einem Äquivalenz-Modus des Erlebens, unser Körper ist gleichwertig, nämlich äquivalent, mit uns selbst, sodass wir mit Wittgenstein sagen können, dass der „menschliche Körper [...] das beste Bild der menschlichen Seele" (Wittgenstein, 2001, S. 1002, PU 496) sei. Daher sollten wir bei psychischen Belastungen immer auch unseren Körper und seine Regungen im Blick behalten und auch für körperliche Entlastung sorgen.

Wenn wir sagen, dass wir einen Körper haben, dann sind wir im Als-ob-Modus, wir beziehen uns dann auf bestimmte Möglichkeiten, was wir mithilfe unseres Körpers alles machen können, als ob er ganz zu unserer Verfügung steht, als ob wir frei über unseren Körper bestimmen könnten. Wenn wir dann etwas getan haben und bemerken, was dadurch geschehen ist, sind wir im Realitätsmodus. Wir sind dann mit der Wirklichkeit konfrontiert, inwieweit unsere Vorstellungen erfüllt wurden oder nicht. Im Äquivalenz-Modus mit unseren Regungen sind wir von etwas ergriffen, im Als-ob-Modus reflektieren wir unsere Möglichkeiten und entscheiden uns, eine bestimmte Handlung auszuführen oder zu unterlassen, und im Realitätsmodus sind wir mit einem Ergebnis konfrontiert, aufgrund dessen wir sowohl unsere Ergriffenheit als auch unsere Entscheidung hinterfragen können. Mit den entsprechenden Antworten auf derartige Fragen können wir uns dann verantwortungsvoll weiterentwickeln.

Rein sprachlich können wir die beiden Aspekte unserer Physis Leib und Körper nennen und sagen, wir sind unser Leib und haben einen Körper. Der Unterschied zwischen Körper und Leib ist der, dass unser Körper nur die naturwissenschaftlich-medizinisch und in diesem Sinn objektiv messbaren Prozesse unseres Körpers, insbesondere die physischen Wachstums- und Zerfallsprozesse meint, die von anderen erfasst werden können, während der Leib alle Selbstprozesse meint, von denen wir durch unsere Regungen und insofern subjektiv etwas direkt bzw. unmittelbar spüren, wovon andere direkt nichts mitbekommen können. Die Dualität von Körper und Leib ähnelt der in der Quantenphysik, wo alles die Charakteristik sowohl eines Teilchens als auch einer Welle hat. Medizinisch-naturwissenschaftlich besteht der Körper aus verschiedenen „Teilen", deren Zusammenspiel untersucht wird, unsere leiblichen Regungen dagegen haben einen Wellencharakter, da sie eine gewisse Rhythmik besitzen.

Unsere leiblichen Regungen bei Schmerz, sei er körperlich oder seelisch, haben den Sinn und Zweck, den Schmerz zu lindern und weiteren Schmerz zu verhindern. Entsprechend spannen wir bei der Gefahr eines (u.U. weiteren) Schmerzerlebens unsere Muskeln an und entsprechende Hormonmengen werden unwillkürlich gesteuert, damit wir jederzeit kämpfen, fliehen oder uns sonst auf irgendeine Weise schützen können. Ist die Gefahr vorbei, will unser Leib sich wieder entspannen und auch hormonell wieder ins Gleichgewicht kommen. Das geht aber nur, wenn wir in den Äquivalenz-Modus kommen und uns ganz unseren Regungen hingeben. Meistens aber bleiben wir im Als-ob-Modus hängen, wir spüren nach und versuchen erst einmal auf einer mentalen Ebene unter dem Aspekt des Geistig-Idealen alles zu verarbeiten. Das ist auch in Ordnung so, kritisch wird es nur, wenn wir zu lange in diesem Modus verweilen und uns gegen den Äquivalenz-Modus wehren. Hier kommt nun der psychisch-motivationale Aspekt unseres Daseins ins Spiel, eine Dynamik bestimmter Motive, die uns im Als-ob-Modus hält und den Äquivalenz-Modus vermeidet, zumindest wenn es um die Verarbeitung des betreffenden Schmerzes bzw. der betreffenden Belastung geht. Insofern steckt hinter jeder Belastung, die wir nicht richtig verarbeiten, immer ein psychisches Problem, eine psychische Belastungsstörung, die sich mit der Zeit immer mehr körperlich auswirkt. Auf die Dauer führt Schmerzvermeidung immer zu psychischen Störungen bzw. Belastungsstörungen. Schon Kafka sagte in einem Aphorismus: „Du kannst dich zurückhalten von den Leiden der Welt, das ist dir freigestellt und entspricht deiner Natur, aber vielleicht ist gerade dieses Zurückhalten das einzige Leid, das du vermeiden könntest." (Kafka, Die Zürauer Aphorismen, entstanden 1917-1918)

In unserer Kultur geht es oft darum, keine Schwäche zu zeigen („Ein Indianer kennt keinen Schmerz"), sodass diese Motivation uns im Als-ob-Modus hält und wir so tun, als ob uns Belastungen nichts ausmachen. Nicht nur auf diese mentale Weise unterdrücken wir Schmerzen, sondern auch mit Medikamenten, was ebenfalls zu psychischen Belastungsstörungen führen kann. Ein extremes Beispiel, an welchem man aber noch anderes zeigen kann, ist der Phantomschmerz. Als es noch keine Narkosemittel gab und Gliedmaßen ohne Betäubung amputiert werden mussten, bekam niemand Phantomschmerzen. Mit dieser Feststellung will ich nicht dafür plädieren, die Narkose bei Amputation abzuschaffen, es zeigt aber, dass ein Schmerzerleben blitzartig zurückkehren kann, wenn wir das Bewusstsein mit einer Narkose ausschalten (örtliche Betäubung bei Amputationen würde keinen Phantomschmerz erzeugen). Ohne Narkose ist der Schmerz am amputierten Glied abgelöst worden vom Schmerz an der Stelle der Amputation, und nachdem diese geheilt ist und der Schmerz dort aufhört, kommt kein Erinnerungsschmerz mehr wieder. Der Phantomschmerz ist ja ein Erinnerungsschmerz, der umso heftiger ist, je schlimmer der Schmerz vor der Amputation an dem betreffenden Glied gewesen ist.

Beim Phantomschmerz besteht vor allem ein psychisches Problem. Wenn wir vom Seelischen her, von wo aus wir erst später den Als-ob-Modus und die zukünftigen Möglichkeiten entdecken, noch nicht verstehen, dass wir nicht mehr die Möglichkeiten haben, in dem amputierten Bein etwas zu spüren, dann empfinden wir ab und zu Phantomschmerzen, da wir psychisch auf die schmerzhafte Vergangenheit ausgerichtet sind, als das Bein wegen Schmerzen und Krankheit amputiert werden musste. Wir sind im Äquivalenz-Modus, und die Gegenwart mit dem Phantomschmerz scheint äquivalent mit der Vergangenheit mit dem realen Schmerz zu sein. Nach einer Amputation müssen wir vom Psychisch-Motivationalen her begreifen, dass wir <u>nicht</u> mehr ein Leib mit einem schmerzenden Bein <u>sind</u>. Vom Geistig-Idealen her begreifen wir noch nicht den Äquivalenz-Modus und vergangene Bedingungen, als wir ein Leib mit einem schmerzenden Bein <u>waren</u>. Würden wir jetzt aufstehen und versuchen, mit zwei Beinen zu laufen, dann würden wir hinfallen und durch diese Täuschung und Enttäuschung vom Geist her ziemlich schnell verstehen, dass wir über die Möglichkeit dieses Seinkönnens nicht mehr verfügen und nur noch ein Bein <u>haben</u>. Auch wenn wir nur hinschauen, sehen wir, dass ein Bein fehlt. Ganz allgemein verstehen wir etwas am besten durch positive Fakten, die wir wahrnehmen, greifen und begreifen können. Eine Täuschung ist wahrnehmbar und daher so ein positives Faktum. Aber <u>kein</u> Leib mehr mit einem schmerzenden Bein zu <u>sein</u> trotz früherer äußerst schmerzhafter Erfahrungen und Empfindungen mit einem derartigen Leib, ist ein negatives Faktum, sodass es von unserer Psyche her wesentlich schwieriger ist, dieses Faktum eines Nicht-Schmerzes zu begreifen. Insofern ist der Phantomschmerz ein psychisches Problem.

Je mehr wir vom Geistigen her den Äquivalenzmodus und daher das Psychisch-Motivationale verstehen und damit im Als-ob-Modus eine Inszenierung kreieren können, in der wir uns leiblich mit schmerzfreien Beinen empfinden, was z.B. mit der Spiegelmethode gelingen kann[2], desto mehr begreifen wir uns dann vom seelischen Aspekt her als Leib, der vom Phantomschmerz befreit ist,

---

[2] Das vorhandene Bein spiegelt sich, sieht im Spiegel aus, <u>als ob</u> es das amputierte wäre, und wird mit diesem leiblich identifiziert (<u>Äquivalenz</u>), sodass eine Berührung des vorhandenen Beins an der Stelle des Phantomschmerzes des anderen Beins den Eindruck am nur als Spiegelbild vorhandenen Bein vermittelt, dass dort <u>real</u> nichts mehr weh tut. In der Medizin wird heute nachträglich der Stumpf örtlich betäubt, wodurch auch der

und vom Geistigen und vom Psychischen her verstehen wir dasselbe.

Letztlich kann man alle psychischen Probleme darauf zu-
rückführen, dass es eine vergangene unverarbeitete und schmerzhafte Erfahrung gibt, die wie ein Phantom immer wieder in der Gegenwart auftaucht, weil sie nicht verarbeitet wurde, und die die Dynamik unserer Motive derart beeinflusst, dass wir früher oder später mit unlösbaren Problemen konfrontiert sind, wenn wir diese Beeinflussung nicht beenden können. Ein psychisches Problem haben
wir immer dann, wenn wir vom psychisch-motivationalen Aspekt
her etwas vermeiden oder erreichen wollen, wir aber aufgrund vergangener unverarbeiteter und schmerzhafter Erfahrungen affektiv
unangenehm berührt, empfindungsmäßig negativ eingestellt und
gefühlsmäßig gestimmt befürchten, dass wir nicht oder nicht ohne
Nachteile tun oder erreichen können, was wir wollen. Beim Phantomschmerz ist es die vergangene Erfahrung, den Schmerz nicht in
den Griff zu bekommen außer durch eine Narkose mit anschließen-
der Amputation. Dann aber fehlt die Erfahrung, dass der Schmerz
durch etwas anderes abgelöst worden ist (wir waren ja bewusst-
los). Erst wenn dies gelingt und die ursprüngliche Schmerzerfah-
rung durch immer mehr andere Erfahrungen immer bedeutungslo-
ser geworden ist, ist das psychische Problem gelöst und der
Schmerz und die damit verbundene Belastung verarbeitet. Beim
Phantomschmerz kann dies mit der oben beschriebenen Spiegelmethode gelingen, indem dabei immer wieder der Eindruck vermittelt wird, dass das amputierte Bein nicht mehr weh tut, sondern ein
anderer taktiler Reiz als real erfahren wird. Bei anderen psychischen Problemen kann es helfen, bestimmte Schlüsselszenen, die
die entsprechende Erfahrung vermittelt haben, in einer Art Psycho-
drama oder Trance-Phantasie neu zu inszenieren, oder man kann
gleich Teile des Selbstprozesses, in denen das Problem auftaucht,
durchspielen und so verarbeiten, denn beim Durcharbeiten von
psychischen Problemen geht es immer um diesen Selbstprozess,

Phantomschmerz betäubt wird, und nach einigen derartigen Behandlungen verschwindet dieser dann auch. Diese Methode ist zuverlässiger, weil
die leibliche Identifikation im Äquivalenz-Modus nicht immer gelingt.

der durch die Spiegelung anderer beeinflusst wird, den wir aber auch durch unser eigenes Reflektieren (Als-ob-Modus), Identifizieren (Äquivalenz-Modus) und Erleben (Realitätsmodus) verändern können.

Für derartige Veränderungen muss das Identifizieren im Äquivalenz-Modus stattfinden, da es sich um psychische Probleme handelt, und das Erleben im Realitätsmodus. Unter dem psychisch-motivationalen Aspekt betrachtet sind wir ja unser Leib, sodass alle Veränderungen leiblich erlebt werden müssen. Bei der Spiegelmethode zur Auflösung des Phantomschmerzes erfährt die betreffende Person ja auch leiblich durch die Berührung derselben Stelle, wo er oder sie den Schmerz am amputierten Bein zu spüren meint, am vorhandenen Bein, dass an dessen Spiegelung, welche sie mit dem amputierten Bein identifiziert, nichts mehr weh tut.

Insgesamt sind also drei Dinge wichtig und entscheidend zur Lösung psychischer Probleme bzw. psychischer Belastungsstörungen: (1) das eigene geistige Reflektieren des psychischen Problems im Als-ob-Modus, um ein Vehikel für das Erleben zu schaffen, (2) das leibliche Identifizieren im Äquivalenz-Modus und (3) das leibliche Erleben im Realitätsmodus. Schlüsselszenen zu bearbeiten, in denen üblicherweise wichtige Bezugspersonen eine Rolle spielen, bedeutet normalerweise, den Wunsch und seine Vermeidung zu bearbeiten, von ihnen anders behandelt zu werden, z.B. mehr gesehen zu werden oder anders gesehen zu werden. Wie beim Phantomschmerz kann es helfen, das psychische Problem zu lösen, wenn man seinen Selbstprozess spiegelt (beim In-Szene-Setzen) und nach einer leiblich spürbaren Identifizierung mit der kritischen Stelle den Finger auf diese legt, sodass man greifen und begreifen kann, dass es kein Problem mehr gibt. Der Selbstprozess ist ja (1) dialogisch (Modus des Genus[3]) im gewissermaßen rhythmischen Wechselspiel verschiedener Positionen (und diesen Dialog

---

[3] Zu den Modalitäten Genus, Individuum und Spezies unseres Daseins: Genus meint unser Dasein als gemeinschaftliche Wesen und unsere Gemeinsamkeiten, wodurch wir Gemeinschaften bilden können, Individuum meint das Dasein als einzelne Wesen und Spezies als handelnde Wesen in

kann man immer wieder neu durchspielen), (2) abstrahierend (Modus des <u>Individuums</u>) im <u>zeitlich</u> wachsenden Selbstverständnis (durch das erneute Durchspielen) und (3) handelnd (Modus der <u>Spezies</u>) im <u>räumlich</u> sich einlassenden Umgang mit der Welt (weil man sich nach dem veränderten Durchspielen neu einlassen kann).

In der psychotherapeutischen Situation[4] überträgt ein Patient oft unbewusst eine bestimmte Rolle auf den Therapeuten und kreiert so im Als-ob-Modus ein Vehikel für sein Erleben. Indem er sich dann im Äquivalenzmodus mit der entsprechenden Komplementärrolle identifiziert, hat er die Möglichkeit, sein psychisches Problem im Realitätsmodus zu bearbeiten, wenn der Therapeut ihm ein alternatives Erleben ermöglicht durch ein anderes Wiederspiegeln. Um das Ganze zu festigen, können sich beide diesen Prozess anschließend bewusstmachen.

Speziell bei lang anhaltenden oder mehrfachen Belastungen, die dadurch zu chronischen Belastungsstörungen geführt haben, kommt es in der Regel zu der Komplikation, dass physisch und psychisch derartige Schäden entstanden sind, dass die oben dargestellte Vorgehensweise nicht durchführbar oder nicht erfolgreich ist, weil es dabei zu Retraumatisierungen bzw. stärkeren Belastungen kommt, die ein Durcharbeiten verhindern. Dann kann es sein, dass man erst einmal auf der leiblichen Ebene ansetzen muss und die dort vorhandenen Entspannungs- und Heilungsprozesse aktiviert, z.B. durch bestimmte Bioenergetik-Übungen (Bercelli, 2018)

---

bestimmten Rollen und Positionen im Beziehungsgeflecht der jeweiligen Gemeinschaft. Alle drei Modalitäten befinden sich in einem absolut dialektischen Verhältnis, d.h. zwei von ihnen vermitteln das dritte und dieses zwischen den beiden anderen.

[4] Eine Situation ist ein raumzeitlich bezüglich eines Zieles bzw. eines Worumwillens begriffener Zusammenhang, in dem ein Lebewesen innerhalb bestimmter räumlicher und zeitlicher Grenzen bzw. Horizonte materielle Gegensätze unterscheiden bzw. wahrnehmen, Aussichten beurteilen (was auf es zukommen kann) und praktische Zusammenhänge sowohl induktiv als auch deduktiv, als auch conduktiv schlussfolgernd sich erschließen kann, wo etwas im Allgemeinen herkommt, wo etwas im Speziellen hinführen und womit man im Einzelnen zusammengeführt werden kann.

oder andere körpertherapeutische Maßnahmen, z.B. auch Ent-
spannungsübungen.

Das Beispiel des Phantomschmerzes, welches sich auf alle
psychischen Probleme übertragen lässt, zeigt die Grenzen des psychisch-motivationalen Aspekts unseres Daseins auf, wenn wir jedoch unseren Leib in körperliche Einzelheiten aufbrechen und ihn
als Körper betrachten, den wir haben, dann zeigen sich dabei die
Grenzen einer rein geistig-idealen Herangehensweise, die den Blick
auf das Ganze trübt. Wie bei einem zerbrochenen Spiegel sehen wir
nur noch ein Zerrbild, der Körper als aufgebrochener Leib stellt ein
Hindernis dar, Psychisches und Geistiges zu erkennen, insbesondere unsere Befindlichkeit. Ohne leibliches Erleben und das Aktivieren unserer leiblichen Selbstheilungskräfte können wir bei psychischen Belastungsstörungen nichts erreichen, und dazu müssen sich
psychische und geistige Herangehensweisen an unsere Leiblichkeit
ergänzen.

Was man am Beispiel psychischer Belastungsstörungen
nun erkennen kann, oder daran, wie man in solchen Fällen Leid
mindern kann, ist die Bedeutung und Wichtigkeit davon, dass psychische und geistige Herangehensweisen möglichst harmonisch zu-
sammenwirken sollten. Dazu ist möglichst viel und genaues Wissen
über die Wirklichkeit wichtig, also darüber, welche Handlungen und
Handlungsweisen wie wirken. Es geht um ein möglichst echtes und
unmittelbares Verständnis darum, um was es im menschlichen Dasein jeweils geht, denn nur dadurch können wir unnötiges Leid verhindern. Diese Art des Verstehens habe ich vollkommene Liebe genannt (Kolb, 2017a), und dies beinhaltet sowohl Fremd- als auch
Selbstliebe und ist verankert in der Liebesfähigkeit, die jeder
Mensch von Anfang an schon mitbringt. Die Entwicklung der Liebesfähigkeit bei uns und anderen – dies ergibt sich auch aus den
Betrachtungen psychischer Belastungsstörungen – muss das über-
geordnete Ziel sein, wenn wir Leid mindern wollen. Umgekehrt ist
Leidminderung das Maß unserer Liebesfähigkeit.

2. Leidminderung

Ich denke, wir können davon ausgehen, dass alle Lebewesen und insbesondere alle Säuglinge schon von Geburt an danach streben, eigenes Leid zu mindern. Im Verlauf ihrer Entwicklung lernen Kinder immer mehr, wie sie das erreichen. Folgt man dem Entwicklungsmodell von Fonagy et al. (Fonagy, Gergely, Jurist, & Target, 2008), dann begreifen sie zuerst, dass alle Aktivitäten Folgen haben, wenn sie sich als physischer Akteur (ebenda) erfahren. Als sozialer Akteur lernen sie, anderen möglichst kein Leid zuzufügen, da Menschen prinzipiell gleichartig sind, und dass das, was sie anderen zufügen, diese ihnen ebenfalls antun können. Daher mindert es mögliches eigenes Leid, wenn sie anderen kein Leid zufügen. Als teleologischer Akteur erfahren sie, dass immer etwas Unvorhergesehenes passieren kann, sodass es der eigenen Leidminderung dienlich ist, auf andere zu hören und sich nach denjenigen zu richten, die mit Gefahren besser umgehen können als sie selbst. Derartige Rangordnungen zu akzeptieren und zu respektieren, kann eigenes Leid vermindern. Als intentionaler Akteur konfrontiert mit dem Leid, etwas Erwünschtes allein nicht erreichen zu können, lernen Kinder, dass sie mehr erreichen können, wenn sie Bündnisse, auch kurzfristige, mit anderen eingehen, bei denen man sich gegenseitig hilft. Mit der entsprechenden Loyalität oder Bündnistreue können sie so eigenes Leid in noch größerem Maße mindern.

Bis zu dieser Entwicklungsstufe einschließlich ging es Kindern nur um die Minderung eigenen Leids, da sie sich als Mittelpunkt der Welt empfanden bzw. nur in ihrer Welt lebten. Als repräsentationaler Akteur merken sie, dass andere ihre eigene Welt haben wie sie, dass andere etwas repräsentieren, was sie selbst auch sind, nämlich eigenständige Personen, die aus sich selbst heraus und aus ihrer Welt und ihren Vorstellungen von der Welt heraustönen (Person kommt von Lateinisch personare = hindurchtönen). Es gibt etwas Gemeinsames, und sie können sich von daher in andere hineinversetzen und als diese etwas Ähnliches empfinden wie diese anderen. Wenn andere leiden, die ihnen sympathisch sind, dann leiden sie mit (sympathisch kommt von Griechisch sym = zusammen und pathos = Leid). Damit ist es im Sinne der Leidminderung, dass sie an der Leidminderung dieser anderen interessiert sind, und wenn es ihnen gemeinsam um das Wohlergehen der jeweils anderen geht und sie sich das gegenseitig zu verstehen geben, dann entstehen Freundschaften wie Aristoteles es definiert (Aristoteles, 1985). Das erste, was wir von dem, was allen Menschen gemeinsam ist, wozu wir überhaupt da sind, der Sinn unseres Daseins, wie Heidegger es nennt (Heidegger, 2006), ist also die Leidminderung. Das ist zwar noch lange nicht alles Gemeinsame, der Rest aber liegt noch im Nebel und muss erst noch entdeckt werden, es verbirgt sich und muss erst noch entbergt werden, wie Heidegger sich auszudrücken pflegte.

Dabei spielt die Sprache eine hervorragende Rolle. Sie hat in diesem Zusammenhang aber zwei entgegengesetzte Rollen: als technische und wissenschaftliche Sprache bricht sie die Realität auf ein Raster hinunter und das Gemeinsame wird wie bei einem zerbrochenen Spiegel verzerrt bis zur Unkenntlichkeit. Ist die Sprache dagegen dichterisch-symbolisch, so betrachten wir anhand solcher Ausdrucksweise die Wirklichkeit als ganzheitlichen Prozess, und dann lichtet sich der Nebel immer mehr, sodass das Gemeinsame immer besser erkennbar wird. Wenn man das Streben nach Leidminderung als erstes Zeichen unserer Liebesfähigkeit bezeichnet, so ist diese bei kleinen Kindern zuerst nur auf das eigene Dasein gerichtet und entwickelt sich dort bis zu einem gewissen Grad als Selbstliebe. Erst auf der Ebene des repräsentationalen Selbst (Fonagy, Gergely, Jurist, & Target, 2008) entsteht die Fremdliebe und vereinigt sich mit der Selbstliebe zu etwas Absolutem, z.B. zur Liebe für alles Lebendige, in welches sich schon kleine Kinder von vier Jahren hineinversetzen können. Je besser zwischenmenschliche Beziehungen gelingen, desto echter und unmittelbarer verstehen wir das Gemeinsame bzw. den gemeinsamen Sinn, wozu wir da sind, das Worumwillen unseres Daseins, wie Heidegger es nennt

(Heidegger, 2006). Ich habe dieses echte und unmittelbare Verständnis die Utopie der vollkommenen Liebe genannt (Kolb, 2017a).

Liebe beginnt also mit Leidminderung, und Leidminderung ist auch die materielle Verankerung von Liebe, d.h. wir können die Entwicklung unserer Liebesfähigkeit daran erkennen, ob wir Leid vermindern können oder nicht. Je mehr Leid wir mindern können, sowohl bei anderen als auch bei uns, desto näher sind wir an der Utopie der vollkommenen Liebe.

3. Psychische Struktur

Da in den heutigen Psychotherapien, die auf der psycho-analytischen Theorie gründen (vor allem die Psychoanalyse und die tiefenpsychologisch fundierte Psychotherapie), die sogenannten strukturellen Störungen immer mehr in den Focus der Forschung gekommen sind, will ich den Begriff der psychischen Struktur, um deren Störungen es dabei geht, genauer betrachten. Im Lateini-schen bedeutet *structura* Sinngefüge oder sinnvoll Übereinander-geschichtetes bzw. Zusammengefügtes, und da nichts von sich aus einen Sinn hat, ist Struktur immer etwas, was wir geben, und wenn wir eine Struktur erkennen bzw. zu erkennen glauben, dann inter-pretieren wir einen Sinnzusammenhang in etwas hinein. Eine Struk-tur ist immer auch etwas Gemeinsames von mehreren Personen. Eine Struktur, die nur ein Einzelner gibt und mit niemand anderem teilen, niemandem erklären kann, weil niemand einen Sinn darin finden kann, ist sinnlos und damit keine Struktur[5]. Daher übt eine erkannte Struktur einen sogenannten Vollzugszwang auf uns aus, d.h. wir können nicht anders, als die Bedeutung des jeweils konkre-ten Sinngefüges, seinen Sinn, zu entschlüsseln. Wenn wir z.B. Buch-staben erkennen, lesen wir automatisch die daraus gebildeten Wörter. Als Leser dieser Worte können Sie die hier geschriebenen Striche und Linien nicht als ein abstraktes Muster sehen, das kann nur ein Kind, das noch nicht gelernt hat zu lesen und daher noch nicht den Sinn erkennen kann, Sie aber müssen diese Worte lesen oder wegschauen. Insofern hat jede Struktur eine Wirkung auf uns, die umso größer ist, je bedeutsamer ihr jeweiliger konkreter Inhalt ist. Wenn die gelesenen Worte für uns bedeutungsvoll sind, z.B. wichtige Informationen enthalten oder uns emotional ansprechen, kann die Wirkung sehr groß sein.

---

[5] Dies ist eine Verallgemeinerung des sogenannten Privatsprachenargu-ments von Wittgenstein (Wittgenstein, 2001, S. 877, PU 258).

Unter der Psyche versteht man zum einen den psychisch-motivationalen Aspekt unseres Daseins, wenn wir von etwas ergriffen oder durch etwas betroffen sind, und uns dadurch motiviert, bewegt oder gedrängt fühlen, etwas zu tun oder nicht zu tun, oder allgemein, eine Entscheidung zu treffen. Um eine Entscheidung treffen zu können, stellen wir uns die erwarteten Konsequenzen der verschiedenen Möglichkeiten unseres Seinkönnens vor, von denen wir annehmen, dass wir diese zur Verfügung haben. Wir überlegen, legen bildlich gesprochen die verschiedenen Möglichkeiten übereinander und vergleichen sie, sodass wir die möglichst beste Wahl unter Berücksichtigung verschiedener Perspektiven und Kriterien treffen können. Dabei spielt der geistig-idealistische Aspekt unseres Daseins die entscheidende Rolle, wir stellen uns geistig etwas vor und streben dabei nach einem idealen Ergebnis. Insofern ergänzen sich Psyche und Geist, und je weniger wir uns täuschen bei unseren Entscheidungen, desto weniger brauchen wir unsere Ergriffenheit bzw. Betroffenheit und unsere Entscheidungsprozesse kritisch zu hinterfragen, wenn wir verantwortungsvoll uns selbst und anderen gegenüber handeln wollen, um am Ende auf ein geglücktes Leben zurückblicken zu können.

Mit *psychisch* meinen wir aber auch etwas anderes, nämlich unsere Emotionen. Mit jeder Wahrnehmung ist ein momentaner Affekt verbunden, mit jeder Ergriffenheit und Betroffenheit eine mit vergangenen Erlebnissen verknüpfte Empfindung und mit jeder Erwartung ein in die Zukunft gerichtetes Gefühl. Den Affekt kann man als den generellen Modus unseres emotionalen Erlebens bezeichnen, der mit dem materiellen Aspekt unseres Daseins zusammenhängt, da die mit dem Affekt verknüpfte Wahrnehmung etwas uns allen Gemeinsames ist und sich auf etwas Materielles oder Gegenständliches bezieht, was uns entgegensteht, nämlich das Wahrgenommene. Die Empfindung ist dann ein individueller Erlebensmodus von unserer individuellen Vergangenheit her und betrifft den motivationalen Daseinsaspekt – wir sind bewegt durch unsere Ergriffenheit und Betroffenheit, manchmal auch erschüttert, und finden darin etwas uns Eigentümliches, das ist die Empfin-

dung, in der etwas von uns finden –, während das Gefühl den spezifischen Erlebensmodus wegen einer spezifischen Zukunft darstellt und wegen der damit verbundenen Erwartungen mit dem
geistig-idealen Daseinsaspekt verknüpft ist. Von daher ist es die
Funktion des Psychischen, unsere Wahrnehmung, unsere Betroffenheit und unsere Erwartungen anzuregen. Je mehr die Wahrnehmung angeregt wird, desto differenzierter ist sie, je stärker wir von
etwas betroffen sind, desto mehr versuchen wir, das mehr oder
weniger differenziert Wahrgenommene zu einem Gesamteindruck
zu integrieren, um die Gesamtsituationen[6] so angemessen wie
möglich beurteilen zu können, und je größer unsere Erwartungen
oder Befürchtungen sind durch unsere Gefühle, desto mehr wollen
wir die Situation zu unserem Besten regulieren.

Insofern sind also das Differenzieren, das Integrieren und
das Regulieren die drei grundlegenden psychischen Funktionen, die
dem Psychischen damit eine Grundstruktur geben, einen grundlegenden Sinn. Um die bis hierhin gegebene psychische Struktur weiter auszubauen, möchte ich jetzt betrachten, auf was bzw. wie wir
diese Funktionen in den verschiedenen Modalitäten unseres Daseins anwenden. Wie ich schon früher festgestellt habe (Kolb,
2017a), gibt es drei unser gesamtes Dasein umfassende Modalitäten, nämlich Genus, Individuum und Spezies: Genus meint unser
Dasein als gemeinschaftliche Wesen und unsere Gemeinsamkeiten,
wodurch wir Gemeinschaften bilden können, Individuum meint das
Dasein als einzelne Wesen und Spezies als handelnde Wesen in bestimmten Rollen und Positionen im Beziehungsgeflecht der jeweiligen Gemeinschaften. Alle drei Modalitäten befinden sich in einem
absolut dialektischen Verhältnis, d.h. zwei von ihnen vermitteln das

---

[6] Eine Situation ist ein raumzeitlich bezüglich eines Zieles bzw. eines Worumwillens begriffener Zusammenhang, in dem ein Lebewesen innerhalb
bestimmter räumlicher und zeitlicher Grenzen bzw. Horizonte materielle
Gegensätze unterscheiden bzw. wahrnehmen, Aussichten beurteilen (was
auf es zukommen kann) und praktische Zusammenhänge sowohl induktiv
als auch deduktiv, als auch conduktiv schlussfolgernd sich erschließen
kann, wo etwas im Allgemeinen herkommt, wo etwas im Speziellen hinführen und womit man im Einzelnen zusammengeführt werden kann.

dritte und dieses zwischen den beiden anderen (ebenda). Damit ist auch meine theoretische Untersuchung der drei psychischen Funktionen bezogen auf diese drei Modalitäten umfassend.

Im Modus des Genus sind wir auf verschiedene Gemeinschaften bezogen, eigene, zu denen wir gehören, und fremde, mit denen wir direkt oder indirekt zu tun haben, und deren jeweils konkrete Mitglieder, die uns direkt oder indirekt begegnen oder denen wir direkt oder indirekt begegnen. Dabei stellen sich dann folgende Fragen: (1) Wie differenziert nehmen wir die jeweiligen Gemeinschaften und die entsprechenden Mitglieder wahr oder nehmen wir sie vielleicht gar nicht wahr oder spalten bestimmte Informationen ab? (2) Wie integrieren wir die so gewonnenen Informationen zu einem Gesamteindruck von den entsprechenden Gemeinschaften und den jeweiligen Mitgliedern oder bilden wir uns eventuell gar keinen Eindruck, wehren bestimmte Teileindrücke ab? (3) Wie regulieren wir für uns die Situation, die sich aufgrund dieser Eindrücke ergibt, oder machen wir nichts oder etwas anderes und wenn ja, können oder wollen wir nicht regulieren? In der psychotherapeutischen Situation geht es dann darum, differenzierte Antworten auf diese Fragen zu suchen, integrierend ein gemeinsames Urteil zu finden, ob und wie gut die drei psychischen Funktionen in diesem Rahmen von den Patienten jeweils ausgeübt werden, und (regulierend) wie sie je nach Bedarf aktiviert oder verbessert werden können. Auch dabei geht es um (ein in diesem Fall gemeinsames) Differenzieren, Integrieren und Regulieren.

Im Modus des Individuums geht es um die Beziehung und den Bezug zu sich selbst. (1) Wie differenziert nehme ich mich selbst wahr bzw. vermeide ich vielleicht, bestimmte Aspekte von mir wahrzunehmen, betone ich manche zu stark und andere zu wenig, spalte ich bestimmte Informationen ab? (2) Zu was für einem Gesamtbild integriere ich diese Informationen, beurteile ich mich eher negativ, eher positiv, gut oder böse, dumm oder klug, oder vermeide ich es, mir ein Gesamtbild von mir zu machen, wehre ich bestimmte Teileindrücke ab? Wie gut oder schlecht halte ich es mit mir aus? (3) Wie reguliere ich die Situation, wenn ich mit mir selbst konfrontiert bin, mache ich nichts oder etwas anderes, kann oder will ich diese Situation nicht regulieren? Wie oben geht es auch bei der Beantwortung derartiger Fragen in einer psychotherapeutischen Situation um ein gemeinsames Differenzieren, Integrieren und Regulieren in Bezug auf die psychische Struktur der jeweiligen Patienten.

Im Modus der Spezies geht es um den Daseinsbezug zu den Möglichkeiten des eigenen Seinkönnens, die jeweils bestimmt werden von den eigenen Fertigkeiten und Fähigkeiten in Wechselwirkung mit den Positionen und Rollen in den Gemeinschaften, mit denen man direkt oder indirekt zu tun hat. (1) Wie differenziert nehme ich diese Möglichkeiten wahr? Vermeide ich es, bestimmte Aspekte davon wahrzunehmen, betone ich manche zu stark und andere zu wenig, spalte ich bestimmte Informationen ab? (2) Zu was für einem Gesamtbild meiner Möglichkeiten integriere ich diese Informationen, beurteile ich sie eher negativ, eher positiv, gut oder schlecht, oder vermeide ich es, mir ein Gesamtbild von meinen Möglichkeiten zu machen, wehre ich bestimmte Teileindrücke ab? Konzentriere ich mich bei dieser Beurteilung mehr auf meine Fähigkeiten und Fertigkeiten oder mehr auf die Situation mit den anderen, und inwieweit berücksichtige ich dabei die Wechselwirkung zwischen beidem? (3) Wie reguliere ich die Situation, wenn ich mit meinen Möglichkeiten konfrontiert bin, mache ich nichts oder etwas anderes, kann oder will ich diese Situation nicht regulieren? Halte ich mich vielleicht nicht für verantwortlich, sondern jemand anderen? Wie oben geht es auch hier in einer psychotherapeutischen Situation um ein gemeinsames Differenzieren, Integrieren und Regulieren in Bezug auf die psychische Struktur der jeweiligen Patienten bei der Beantwortung derartiger Fragen.

Vom psychotherapeutischen Standpunkt aus ist es dabei besonders wichtig, ob die jeweils erfassten Störungen der psychischen Funktionen auf einem grundlegenden Konflikt beruhen, oder aber ob die betreffenden Funktionen selbst aufgrund fehlender Entwicklungen gestört sind, sodass die betreffende Person auch im konfliktfreien Zustand die Funktionen nicht oder nicht angemessen ausüben kann. Nur im letzten Fall spricht man von einer strukturellen Störung, die man dadurch zu beheben sucht, dass man die jeweilige Entwicklung nachholt. Es gibt nun Kriterien, von denen ich hier nur einige aufführen kann, anhand derer man strukturelle Störungen von anderen psychischen Störungen unterscheiden kann. Vorwegschicken möchte ich allerdings noch eines: Da die drei Daseinsmodalitäten Genus, Individuum und Spezies sich in einem absolut dialektischen Verhältnis zueinander befinden, sind die Ausübungen der jeweiligen psychischen Funktion unter diesen drei Modalitäten entsprechend voneinander abhängig. Ferner bauen die drei Funktionen in den drei Bereichen, die sich aus den Modalitäten ergeben, aufeinander auf. Wenn ich nicht genug differenziere, kann das Integrieren zu einer unangemessenen Beurteilung führen, und eine solche Beurteilung ist in der Regel ein schlechter Ratgeber für eine gute Regelung der jeweiligen Situation.

Wenn eine psychische Funktion in einem der drei Bereiche, die sich aus den Daseinsmodalitäten ergeben, zufriedenstellend oder gar gut ausgeübt werden kann, in einem oder in den beiden anderen Bereichen nicht, dann ist diese Funktion wahrscheinlich nicht gestört, und in anderen Bereichen liegt wohl ein grundlegender Konflikt vor. Wenn beim Differenzieren Informationen abgespalten werden (ihnen wird der Affekt, die Aufmerksamkeit entzogen, sie werden vom Affekt abgespalten), oder wenn beim Integrieren Teileindrücke abgewehrt werden (die entsprechende Empfindung wird abgewehrt, aufgrund mangelnder Betroffenheit beeindruckt es nicht mehr), oder wenn beim Regulieren die betreffende Person äußert, sie könne nicht, obwohl sie nicht will, oder etwas vorschiebt, was „unbedingt" erst einmal getan werden müsste (sie will nicht vorfühlen und sich mit ihren wirklichen Erwartungen auseinandersetzen, die meist katastrophal sind, sodass sie ihre Katastrophengefühle bewältigt aber nicht verarbeitet), dann liegt aller Wahrscheinlichkeit ein Konflikt vor, sie kann schon, will aber nicht wegen eines Konflikts. Es wäre dann aber trotzdem noch zu prüfen, ob sie nicht nur nicht will, sondern auch tatsächlich nicht kann, d.h. es kann trotzdem noch eine strukturelle Störung vorliegen, die zuerst behandelt werden muss, bevor man den Konflikt bearbeitet.

Ein sicheres wenn auch risikoreiches Vorgehen, wenn es um die Unterscheidung einer konflikthaften von einer strukturellen Störung geht, besteht darin, beim Erkennen eines Problems erst einmal so zu tun, als liege nur ein Konflikt vor, und die betreffenden Personen damit zu konfrontieren. Wenn sie sich dann bemühen und unter dem Druck in eine Krise geraten, liegt aller Wahrscheinlichkeit eine strukturelle Störung vor. Das Risiko besteht dann darin, dass die therapeutische Beziehung dadurch derart belastet wird, dass es zu einem Therapieabbruch kommen kann. Im günstigen Fall können Therapeuten das Vertrauen ihrer Patienten wiedergewinnen oder erneut aufbauen und mit effektiven psychotherapeutischen Interventionen die Therapie dann zum Erfolg führen.

Derartige Interventionen beruhen vor allem darauf, nachdem die mangelhaft entwickelte psychische Funktion in dem jeweils kritischen Bereich (Bezug zu sich selbst, zu anderen und zu den eigenen Möglichkeiten des Seinkönnens) festgestellt wurde, dass Therapeuten die jeweiligen emotionalen Aspekte widerspiegeln, die sie selbst in den geschilderten Situationen ihrer Patienten hätten und mit denen ihre Patienten nicht im Kontakt sind, also den affektiven Aspekt, wenn es um das Differenzieren geht, den empfindungsmäßigen, wenn es sich um das Integrieren dreht, und den gefühlsmäßigen, wenn das Regulieren betroffen ist. Je angemessener dies Therapeuten gelingt, desto besser kommen ihre Patienten mit ihren Emotionen in Kontakt, und sie beginnen stärker als vorher zu differenzieren, zu integrieren bzw. zu regulieren. Indem die entsprechenden psychischen Funktionen immer öfter ausgeführt werden, schleifen sich diese durch das Benutzen immer mehr ab und können immer angemessener angewendet werden, d.h. die psychischen Funktionen entwickeln sich immer mehr und die psychische Struktur wird immer stabiler, sodass die strukturellen Störungen immer mehr abnehmen. Dieser Prozess entlastet die Patienten normalerweise, denn wenn Therapeuten darauf verzichten, ihnen etwas lediglich von der Vernunft her zu erklären, weswegen viele Patienten sich dann dumm vorkommen, sondern sich empathisch-mitfühlend zeigen, indem sie entsprechende Emotionen schildern,

die sie gehabt hätten, wenn sie in der Situation ihrer Patienten gewesen wären, fühlen diese sich verstanden und erleichtert.

Wenn diese Entwicklung zum Stocken kommen sollte oder
man sich im Kreis dreht, sodass Therapeuten und Patienten unzu-
frieden werden, dann liegen wahrscheinlich irgendwelche Konflikte
vor, die derart bearbeitet werden sollten, dass sie nicht mehr stören und belasten (Konflikte müssen nicht unbedingt gelöst werden,
denn nicht gelöste Konflikte, die nicht belasten, erhöhen die eigene
Flexibilität und Anpassungsfähigkeit). Etwas Derartiges kann auch
vorkommen, wenn Therapeuten nicht das oben erwähnte Risiko
eingehen und gleich so tun, als handle es sich um eine strukturelle
Störung. Wenn das Stocken nicht bemerkt wird – manchmal können auch Therapeuten verdrängen – und die Unzufriedenheit
wächst, ist die therapeutische Beziehung auch in Gefahr wie oben.

Bei den strukturellen Störungen ist das Emotionale in erster
Linie dysfunktional. Von dem her, was uns bewegt und motiviert,
wahrzunehmen, das Wahrgenommene zu integrieren und aus dem
daraus folgenden Urteil Entscheidungen zu fällen, d.h. von dem,
was uns ergreift oder ergriffen hat, was uns betrifft oder betroffen
gemacht hat, sind wir aufgefordert, entsprechende Möglichkeiten
des Seinkönnens umzusetzen, damit wir emotional wieder in ein
Gleichgewicht kommen. Insofern drängt uns dieses psychische Geschehen, gemäß geistig-idealer Vorstellungen und Erwartungen ein
optimales Ergebnis herbeizuführen. Vom psychisch-motivationalen
Aspekt her gibt es eine Dynamik und vom geistig-idealen Aspekt her
kommt ein Plan, wie wir uns bewegen und mit dieser Kraft umgehen sollten. Wenn zu wenig Kraft da ist oder zu viel oder die Kraft
in eine unangemessene Richtung geht (wir sind z.B. von etwas ergriffen, was für uns schädlich ist), weil wir nicht angemessen differenzieren, integrieren oder regulieren können, dann liegt eine
strukturelle Störung vor. Vom psychisch-motivationalen Aspekt her
sind wir dann fehlgeleitet.

Wenn dagegen die psychische Störung von einem Konflikt
herrührt, dann können wir uns nicht für eine Möglichkeit unseres
Seinkönnens entscheiden und nicht richtig planen. Anfänglich stört

dies die psychische Funktion des Regulierens und damit unsere Gefühle, mit denen wir vorfühlen in die Zukunft. Entweder versinken wir dann in Lethargie oder wir verfallen in eine Art Aktionismus, dass auf einmal irgendwelche anderen Dinge wichtiger sind, als das eigentliche Anliegen. Auf diese Weise <u>bewältigen</u> wir unsere Gefühle. Ohne eigentliches Regulieren wird das Urteilen und das vorausgehende Integrieren nutzlos. Wenn wir uns dann von etwas ergreifen lassen, wissen wir schon im Voraus, dass weitere Überlegungen zwecklos sind und unsere Lethargie oder unser Aktionismus uns nur beschämen würden, sodass wir die mit der Funktion des Integrierens verbundenen Empfindungen <u>abwehren</u>, unsere Betroffenheit und Ergriffenheit herunterspielen und anderen und uns vormachen, wir hätten alles im Griff. Mit der Zeit wird dann auch das differenzierte Wahrnehmen überflüssig, wir können uns nichts mehr vormachen und <u>spalten</u> daher die entsprechenden Affekte <u>ab</u>. Auf diese Weise kann ein Konflikt unsere Emotionen verdrängen und wichtige psychische Funktionen immer mehr stören. Weil wir vom geistig-idealen Aspekt unseres Daseins betrachtet durch einen Konflikt derart stark beeinträchtigt sind, was auf die Dauer belastend und niederdrückend ist, haben wir vom psychisch-motivationalen Aspekt her immer weniger Energie, fühlen uns u.U. ausgebrannt (Burn-Out) und depressiv. Somit können strukturelle und konflikthafte Störung zu denselben Erscheinungen und Symptomen führen, und das macht eine Unterscheidung schwierig. Die psychischen Funktionen können durch Konflikte blockiert oder unabhängig davon unterentwickelt sein, die symptomatischen Auswirkungen sind dieselben. Daher ist ein möglichst angemessenes Verständnis unseres Daseins sowohl für Therapeuten als auch für Patienten so wichtig.

Zu verstehen, wer ich bin, wer ein anderer ist, und was für Möglichkeiten wir jeweils haben zu leben bzw. was jeweils Leben ist, das betrifft die drei oben erwähnten Bereiche des Bezugs zu sich selbst, zu anderen und zu den eigenen Möglichkeiten des Seinkönnens, in denen die drei psychischen Grundfunktionen des Differenzierens, des Integrierens und des Regulierens zum Tragen kommen. Man kann dieses Verständnis wie Heidegger auch als das Verstehen des Worumwillens des menschlichen Daseins nennen (Heidegger, 2006) und dieses Verstehen, wenn es echt und unmittelbar ist, als die Utopie der vollkommene Liebe bezeichnen (Kolb, 2017a). Je mehr entwickelt und je weniger blockiert daher die drei psychischen Grundfunktionen sind, desto mehr haben wir uns dieser Utopie genähert.

4. Entscheidungen

Wenn wir bewusste Entscheidungen fällen, benutzen wir Kriterien, die wir als sinnvoll für die jeweilige Situation annehmen. Eine Situation ist ein raumzeitlich bezüglich eines Zieles bzw. eines Worumwillens begriffener Zusammenhang, in dem ein Lebewesen innerhalb bestimmter räumlicher und zeitlicher Grenzen bzw. Horizonte materielle Gegensätze unterscheiden bzw. wahrnehmen, Aussichten beurteilen (was auf es zukommen kann) und praktische Zusammenhänge sowohl induktiv als auch deduktiv, als auch conduktiv schlussfolgernd sich erschließen kann, wo etwas im Allgemeinen herkommt, wo etwas im Speziellen hinführen und womit man im Einzelnen zusammengeführt werden kann. Bewusst bedeutet, dass wir vergleichen können, und zwar unsere Eindrücke der aktuellen Situation mit unserem Wissen (daher bewusst) über vergangene Erfahrungen in anderen Situationen, die uns ähnliche Eindrücke vermittelt haben. Um aufgrund derartigen Vergleichens entscheiden zu können, welche Möglichkeit unseres Seinkönnens wir auswählen sollen, brauchen wir Kriterien, die insofern sinnvoll sein müssen, als dass sie unsere Entscheidungen derart beeinflussen, dass wir dem Ziel bzw. dem Worumwillen unseres Daseins in der jeweiligen Situation möglichst immer näherkommen. Bis jetzt ging es nur um bewusste Entscheidungen, sodass sich die Frage stellt, ob es auch Entscheidungen gibt, die wir nicht bewusst treffen. Da jede Entscheidung mit einer Wahl verbunden ist, gibt es das nicht, auch wenn unbewusste Prozesse Entscheidungen beeinflussen können, aber wir können vorab uns entscheiden und diese Entscheidung durch Training festigen, in bestimmten Situationen immer auf eine festgelegte Art und Weise zu wählen, ohne weiter zu überlegen bzw. zu vergleichen. Wegen solcher Vorentscheidungen ist jede Entscheidung zumindest auf indirekte Weise bewusst.

Je enger die Grenzen bzw. die Horizonte einer Entscheidungssituation sind, desto kurzsichtiger sind unsere Ziele, wenn wir sie nicht als Unterziele des Worumwillens unseres gesamten Daseins betrachten, nämlich unseres Daseins als Zum-Ende-Sein

(Heidegger, 2006). Dann geht es um die Gesamtsituation unseres Lebens, deren Raum nur durch unsere Wahrnehmungsfähigkeit einschließlich unserer technischen Möglichkeiten begrenzt ist, und deren Zeit vom Geworfen-Sein auf diese Erde bis zu unserem Tod reicht. Damit unsere bewussten Entscheidungen unser Dasein nicht zerstückeln, sondern uns ganz sein lassen und in diesem Sinne unser Heil nicht zerstören, sollten wir das Ende unseres Daseins niemals aus den Augen verlieren und uns darum bemühen, immer mehr und immer differenzierter den Raum um uns herum wahrzunehmen, zu begreifen und gemäß dem Worumwillen unseres Daseins zu regulieren. (Wir können natürlich die zeitlichen Horizonte noch weiter ausdehnen und die Zukunft unserer Nachkommen miteinbeziehen oder abstrakt bis ans „Ende aller Zeiten" gehen.)

Was aber ist das Worumwillen unseres Daseins? Worum es in unserem Dasein jeweils geht, verstehen wir nur annähernd, da wir uns selbst jeweils nur annähernd verstehen. In unserem Dasein ist es bezeugt, dass wir immer wieder aufgefordert sind, dieses Worumwillen von anderen und von uns selbst immer echter und unmittelbarer zu verstehen, auch wenn wir Vollkommenheit dabei nie erreichen (Kolb, 2017a). Ich habe dies die Utopie der vollkommenen Liebe genannt (ebenda). Nach dem konfuzianischen „Der Weg ist das Ziel" ist dann die Entwicklung unserer Liebesfähigkeit das Worumwillen unseres Daseins. Wer hierin einen Zirkelschluss zu erkennen glaubt, sei daran erinnert, dass unser Dasein sich in Zirkeln bzw. in Spiralen bewegt: wir verstehen annähernd etwas von unserem Worumwillen bzw. unserer Liebesfähigkeit, wählen danach Möglichkeiten unseres Seinkönnens aus, verstehen dann aufgrund der Konsequenzen unserer Wahl mehr von unserem Worumwillen usw. Dabei können wir uns auch immer wieder entschließen, uns von dieser Entwicklung und damit von uns selbst abzukehren, werden aber in der Folge immer wieder aufgefordert umzukehren. Selbst in der Abkehr können wir manchmal unser Verständnis weiterentwickeln und damit unsere Liebesfähigkeit. Hinter alldem steht die grundlegende Frage, was Lieben ist.

Wenn wir nun in einer Situation ein damit verbundenes Ziel verfolgen, so handeln wir klug, je effizienter wir unsere Fähigkeiten und Fertigkeiten einsetzen. Wenn wir uns aber auch fragen, ob dieses Ziel vereinbar ist mit der Entwicklung unserer Liebesfähigkeit, wenn wir also derart dieses Ziel hinterfragen, handeln wir verantwortungsvoll (wir antworten auf derartige Fragen) und weise. Wenn es z.B. um die Entscheidung geht, ob wir eine feste Partnerbeziehung eingehen sollen mit einem bestimmten anderen Menschen, dann sollte sich jeder der beiden Partner fragen: „Will ich diesen anderen Menschen immer echter und unmittelbarer darin verstehen, worum es ihm bzw. ihr in seinem bzw. ihrem Dasein jeweils geht? Will ich sie bzw. ihn darin auch gemäß meiner Fähigkeiten und Fertigkeiten unterstützen, auch wenn dies manchmal bedeutet, sie bzw. ihn in Ruhe zu lassen? Und bin ich dabei auch mir selbst gegenüber so offen, mich selbst in meinem Dasein immer echter und unmittelbarer zu verstehen?" Entsprechend könnte man bei einer Trauung jeden der beiden Partner fragen. Im Prinzip könnte man bei jeder freundschaftlichen Beziehung diese drei Fragen stellen, wenn es darum geht, eine Freundschaft zu beginnen oder zu beenden. Hinter alldem steht die Frage, wer oder wie der andere ist.

Eine andere wichtige Entscheidung, die ich hier beispielhaft anführen möchte, ist die, welchen Beruf wir ergreifen und welche Position wir erreichen wollen. Von der Klugheit her wählen wir dabei nach Kriterien wie, ob ein Beruf zu unseren Interessen und zu unseren Fähigkeiten und Fertigkeiten passt und wie gut die Möglichkeiten sind, damit eine akzeptable Stellung innerhalb unserer Gesellschaft zu bekommen. Weise wäre es, auch zu fragen, ob uns die betreffende berufliche Stellung, die wir anstreben, darin stärkt, immer echter und unmittelbarer zu verstehen, worum es uns in unserem menschlichen Dasein geht, wozu wir überhaupt auf der Welt sind. Je echter und unmittelbarer wir dieses Wozu verstehen, desto vollkommener ist unsere Liebesfähigkeit und eine umso menschlichere Welt erschaffen wir dann in unserer beruflichen Position. Wozu wir auf der Welt sind bzw. leben, ist gleichbedeutend mit der Frage, was Leben ist.

Neben den beiden Lebensbereichen der zwischenmenschlichen Beziehungen und des Berufs, die jeweils mit den Daseinsmodalitäten des Genus[7] und der Spezies zu tun haben, gibt es bezüglich der dritten Daseinsmodalität des Individuums noch den Bereich der eigenen Gesundheit bzw. Leiblichkeit und Körperlichkeit. Eine wichtige Entscheidung, die es hier immer wieder zu treffen gibt, ist, wie sehr ich mich anstrengen und belasten soll, damit ich mir keinen gesundheitlichen Schaden zufüge. Hier stellt sich die Frage, ob die jeweilige Anstrengung, egal ob es dabei um meine zwischenmenschlichen Beziehungen oder um meine Lebensgestaltung geht, mich näher an ein möglichst echtes und unmittelbares Verstehen bringt, wozu wir auf der Welt sind, oder ob die Vermeidung eines gesundheitlichen Schadens mir echter und unmittelbarer hilft zu verstehen, worum es uns in unserem Dasein überhaupt geht. Dabei geht es um ein Verständnis darum, wer ich bin.

Die angeführten Beispiele sind insofern stellvertretend für die meisten wichtigen Entscheidungen, da sie mit den drei grundlegenden Fragen zusammenhängen, wer ich bin, wer oder wie ein anderer ist, und was das Leben ist. Daraus lässt sich für die Praxis eine Partnermeditation herleiten, bei der jeder sich auf eine dieser drei Fragen konzentriert, um eine echte und unmittelbare Erfahrung zu machen, wer er oder sie selbst ist, wer oder wie ein anderer ist, und was das Leben ist (Kolb, 2017a, S. 272 ff.; Kolb, 2017d, S. 52 ff., 3. Kapitel). Indem wir uns immer wieder mit diesen drei Fragen befassen und Entscheidungen möglichst verantwortungsvoll im obigen Sinne treffen, können wir unsere Liebesfähigkeit immer weiterentwickeln und so immer mehr zum Sinn unseres Daseins gelangen. Was Lieben ist, fasst diese drei Fragen zusammen (ebenda),

---

[7] Zu den Modalitäten Genus, Individuum und Spezies unseres Daseins: Genus meint unser Dasein als gemeinschaftliche Wesen und unsere Gemeinsamkeiten, wodurch wir Gemeinschaften bilden können, Individuum meint das Dasein als einzelne Wesen und Spezies als handelnde Wesen in bestimmten Rollen und Positionen im Beziehungsgeflecht der jeweiligen Gemeinschaft. Alle drei Modalitäten befinden sich in einem absolut dialektischen Verhältnis, d.h. zwei von ihnen vermitteln das dritte und dieses zwischen den beiden anderen.

sodass sich die oben erwähnte Partnermeditation damit weiter vertiefen lässt (ebenda).

5. Wissen

Allgemeine Begriffe wie Wissen kann man unter ganz unterschiedlichen Aspekten betrachten. Ich verwende meistens den Aspekt, welche Funktion etwas erfüllt und wie diese Funktion entstanden ist. Von daher kann man Wissen beschreiben als ein Netzwerk von entdeckten Kontingenzen zwischen allen möglichen wahrgenommenen Reizen, die entweder von anderen Menschen kommen oder aus der sonstigen Umwelt, oder die einem am eigenen Körper widerfahren. Die Verbindungen innerhalb dieses Netzwerkes sind logisch-mathematisch, auch wenn das gesamte Netzwerk in sich nicht vollkommen widerspruchsfrei ist, nur in bestimmten Bereichen. Anders ausgedrückt, und dies meint auch die Bezeichnung logisch-mathematisch, bedeutet das, dass bestimmte logische Verknüpfungen nur eine bestimmte Wahrscheinlichkeit besitzen, dass es also bei unserem Wissen unterschiedliche Grade an Gewissheit gibt. Da dies für uns nicht immer überschaubar ist, da wir nicht so exakt rechnen wie ein Computer, und weil Genauigkeit uns manchmal zu mühsam ist, können sich immer wieder Widersprüche in unser Wissen einschleichen. Dies erkennt man auch daran, dass wir widersprüchliche Meinungen (das ist auch Wissen, aber nicht so sicheres) zu bestimmtem Wissen haben, mehrere Meinungen, die teilweise fast gleichwertig nebeneinander bestehen, ohne dass wir uns für eine entscheiden können. Bei einem derart labilen Gleichgewicht können Kleinigkeiten große Wirkung bekommen und z.B. zu irrationalen Entscheidungen führen, was man dann als Akrasia oder Willensschwäche interpretiert.

Schon jeder Säugling gewinnt Erkenntnisse bzw. Wissen über den sog. Kontingenzentdeckungsmechanismus, der bei allen Menschen von Geburt an gegeben ist (Fonagy, Gergely, Jurist, & Target, 2008). Die Höhe der entsprechenden Reizschwelle kann dabei absichtlich gesteuert werden – sie ist z.B. niedrig gegenüber dem, was man gerade beobachtet, und hoch gegenüber allem anderen – oder unwillkürlich, z.B. hoch gegenüber Umweltreizen und niedrig gegenüber Traumgeschehen, wenn wir schlafen. Anfänglich ist das Interesse am ausgeprägtesten bei hohen und perfekten Kontingenzen zwischen eigenen Aktivitäten und anderen Wahrnehmungen (man nennt dies Spiegelungen), nach etwa drei Monaten jedoch mehr an hohen aber weniger perfekten Kontingenzen (ebenda). Man kann dies so interpretieren, dass ein dreimonatiger Säugling mehr an lebendigen Reaktionen bzw. sozialem Spiegeln interessiert ist.

In den ersten vier Lebensjahren überwiegen die Spiegelungen, mit denen das Netzwerk des Wissens aufgebaut wird, d.h. dem sich entwickelnden Kind ist der eigene Bezug zur Welt am wichtigsten, als ob es sich selbst als Mittelpunkt der Welt empfindet, und erst danach entdeckt es immer mehr Kontingenzen ohne direkte Selbstbeteiligung, es versetzt sich aber in anderes aus seiner Umwelt oder in andere Personen hinein, zieht Analogieschlüsse und entwickelt so z.B. den sog. Ähnlichkeitsraum oder mathematisch ausgedrückt den affinen Raum, es schließt von sich auf andere. In der Physik z.B. geht man davon aus, dass überall dieselben physikalischen Gesetze gelten, die man hier auf der Erde durch entsprechende Kontingenzen erschlossen hat. Derartige Vorannahmen oder Axiome liegen unserem Wissen zugrunde. Vermutlich aus Gründen der Praktikabilität vertrauen wir einfachem Wissen mehr als komplexerem. Das erinnert an Ockhams Messer, dass eine Theorie so wenig wie möglich Vorannahmen machen sollte. Kommen wir nun zu Möglichkeiten der Beeinflussung von Wissen, die sich z.B. Demagogen zunutze machen, um zu herrschen.

Jede Entdeckung einer Kontingenz ist mit einer Emotion verknüpft: mit einem Affekt, wenn eine Kontingenz lediglich wahrgenommen wurde, mit einer Empfindung, wenn man dabei selbst betroffen ist oder meint, betroffen zu sein, und mit einem Gefühl, wenn es dabei zu Zukunftsvorstellungen kommt. Wenn man derartige Verknüpfungen bzw. Kontingenzen entdeckt, die ja dann rückbezüglich auf einen selbst sind, nennt man dies Selbsterfahrung, und der entsprechende Teil des Kontingenznetzwerks ist dann Wissen über einen selbst. Entdeckte Kontingenzen, die nicht im Netzwerk des Wissens integriert werden können, werden erst einmal verdrängt, d.h. ihnen wird die emotionale Grundlage entzogen.

Wird der Affekt entzogen, scheint man die Kontingenz gar nicht wahrgenommen zu haben, sodass man sie dadurch <u>abspaltet</u>, wird die Empfindung annulliert, scheint es keine Selbstbetroffenheit mehr zu geben und die Kontingenz ist <u>abgewehrt</u>, und wird das Gefühl weggemacht, scheint man entweder keine Zukunftsvorstellung mehr zu haben (Lethargie), oder andere Vorstellungen bzw. Aspekte der Zukunft scheinen viel wichtiger zu sein (Aktionismus) und die Situation ist <u>bewältigt</u>, aber das ursprüngliche Gefühl nicht verarbeitet.

Damit ist menschliches Wissen ziemlich abhängig von den verschiedenen Emotionen, die sich ebenfalls entwickeln, und zwar in Abhängigkeit von dem jeweiligen Wissen. Wir haben hier also ein komplexes System von Wissen und Emotionen, die sich wechselseitig beeinflussen, und in dieses sensible Wechselspiel greifen Demagogen oder Populisten oft erfolgreich ein, um Machtpositionen zu erringen. Indem sie spalten in „Wir" und „die anderen" oder Konfliktlinien beschwören, richten sie die Aufmerksamkeit auf etwas und beeinflussen so die <u>Affekte</u>. Indem sie Ängste schüren, lösen sie <u>Empfindungen</u> und Betroffenheit aus, und indem sie sich als Helden und einzig mögliche Retter präsentieren, die für die unterdrückten Massen sprechen können, erzeugen sie hoffnungsvolle Vorstellungen über die Zukunft mit entsprechenden <u>Gefühlen</u> – sie beeinflussen also gezielt die Emotionen und gehen nur wenig und sehr vereinfachend auf die Sachebene ein, die sie in einer emotional aufgeheizten Atmosphäre durch häufiges Wiederholen einfacher Phrasen und gezielte Falschmeldungen derart verzerren und Gegner systematisch persönlich diskreditieren, bis immer mehr Menschen von ihnen überzeugt sind und ihnen vertrauen. Nicht nur Demagogen und Populisten, sondern auch unsere Werbung benutzt solche Techniken bzw. Strategien: Zuerst wird unsere <u>Aufmerksamkeit</u> auf etwas gelenkt (in einem Fernseh-Spot geht plötzlich die Waschmaschine kaputt), dann wird <u>Betroffenheit</u> erzeugt („das passiert so oft und kann auch Ihnen passieren") und schließlich wird eine hoffnungsvolle Zukunft mit dem Werbe-Produkt als <u>Held und Retter</u> präsentiert. Die Abfolge auf der emotionalen Ebene ist immer dieselbe, erst der Affekt, dann die Empfindung und schließlich das Gefühl. Die Sachebene wird dabei nur spärlich mit einem einprägsamen Slogan abgedeckt. Letztlich ist auch dieser Text so ähnlich aufgebaut: Zuerst wecke ich das Interesse und die Aufmerksamkeit (Affekt) allein schon durch die Überschrift und gewisse Schlagworte wie „Netzwerk", „logisch-mathematisch" und „Kontingenz", verwende dann die „Wir"-Form, um anzudeuten, dass wir alle betroffen sind (Empfindung), und verstärke dies mit der Vorstellung der Willensschwäche, die viele von sich kennen. Wenn ich zum Schluss dieses Textes die Entwicklung unserer Liebesfähigkeit als Lösung präsentiere, wecke ich hoffnungsvolle Gefühle und „werbe" für diese Lösung. Im Unterschied zu Demagogie, Populismus und Werbung stelle ich aber vor dieser Lösung deren sachliche Begründung detailliert und hoffentlich nicht zu unverständlich formuliert dar. Bei der Sachebene besteht allerdings immer die Gefahr, Teile meines Publikums zu verlieren, denen die sachliche Wissensaufnahme zu mühsam wird. Dass meiner Meinung nach die Weiterentwicklung unserer Liebesfähigkeit die beste Chance bietet, aufkommende Probleme, die mit dem Thema „Wissen" verknüpft sind, zu lösen, und die Schlagworte „Freiheit" und „Menschlichkeit" entsprechen dann dem Slogan der Werbung oder der Phrase des Populisten („Nicht sauber, sondern rein", „America first", „Yes, we can" oder „Wir sind das Volk") und besänftigen die anfänglich erzeugten negativen Empfindungen.

Während Wissen als logisch-mathematisches Netzwerk von entdeckten Kontingenzen von jedem Menschen aktiv durch Entdeckungen erworben und erlernt wird, werden unsere Emotionen reflexartig (angeboren oder erlernte bzw. bedingte Reflexe) durch etwas geweckt, was uns widerfährt, und wir können sie nur bedingt beeinflussen, indem wir (1) uns mit anderen austauschen und teilweise von anderen auf uns selbst schließen, oder (2) unser Wissen über uns selbst kritisch überprüfen, oder (3) durch Experimente und Übungen (a) gegenüber bestimmten Affekten abstumpfen (Gewöhnungseffekte, „das lockt meine Aufmerksamkeit nicht mehr hinter dem Ofen hervor") und/oder (b) dabei das Interesse an bestimmten Ereignissen immer mehr verlieren, die uns nicht wirklich betreffen und/oder (c) dadurch neue Möglichkeiten des Seinkönnens entwickeln und damit neue Zukunftsvorstellungen.

Um unsere Emotionen, bei denen uns ja zuvor etwas widerfahren ist, zu beeinflussen bzw. ihre Entwicklung zu gestalten, müssen wir uns einlassen und Entscheidungen treffen bzw. Antworten finden, ob und wie wir unser Wissen und unsere Emotionen gestalten wollen, und auch, ob und wie wir dies machen sollten. Hier stoßen Ethik und eigener Drang oder Wille aufeinander, sodass wir z.B. den Weg des geringsten Widerstandes gehen, oder aber uns an bestimmten Idealen ausrichten, die nicht unbedingt dem Mainstream unserer jeweiligen Kultur entsprechen. Je nachdem beeinflusst dies unser Wissen, aber dieses kann auch die Wahl beeinflussen, ob und wie wir unsere Emotionen beeinflussen. Die emotionale Besetzung einer entdeckten Kontingenz bestimmt zu einem gewissen Grad, ob und wie wir diese in unserem Netzwerk des Wissens integrieren. So beeinflussen unsere Emotionen unseren Wissensstand. Man kann nun nicht beweisen, dass wir Menschen frei in der Gestaltung der Entwicklung unserer Emotionen und unseres Wissens sind, niemand kann aber auch das Gegenteil beweisen, dass unsere Entscheidungen diesbezüglich determiniert sind. Wir können nur mit Kant sagen, dass eine solche Freiheit in gewissen Grenzen möglich wird, wenn wir bestimmte moralische Prinzipien befolgen (das sind Vorentscheidungen und Versprechen, die wir geben und möglichst halten), insbesondere den kategorischen Imperativ, nur nach solchen Maximen zu handeln, von denen wir uns wünschen, dass alle anderen ebenfalls danach handeln (Kant, Critik der praktischen Vernunft, 1788). Dieses Problem der Freiheit kann niemand allein lösen, auch keine soziale Institution (z.B. eine Regierung mithilfe von Gesetzen), denn hier besteht ein Beziehungsproblem, welches nur näherungsweise gelöst werden kann, und zwar indem alle Beteiligten ihre Liebesfähigkeit im gegenseitigen persönlichen Austausch und Kontakt immer weiterentwickeln (Versprechen geben und halten ist ein Akt der Liebe (Kolb, 2017f, S. 18)). Die wechselseitige Beeinflussung unseres Wissensnetzwerks und unserer Emotionen durch die Begegnung mit anderen, die wir, wenn überhaupt, nur begrenzt steuern können, zeigt uns durch diese Begrenztheit die Unverfügbarkeit unseres menschlichen Daseins auf.

Nun könnte man ja auf die Idee kommen, einen Roboter entsprechend zu programmieren, dass er sich ein entsprechendes Netzwerk aus Kontingenzen aufbaut. Man könnte ihn mit Wahrnehmungsinstrumenten ausstatten, wie wir Menschen sie haben, und ihn in einer menschlichen Umgebung sich entwickeln lassen. Wäre es dann möglich, dass er sich wie ein Mensch entwickelt und ein vergleichbares Wissen sich erwirbt? Eigentlich ergibt sich die Antwort schon aus dem vorigen Abschnitt, dass wir nicht darüber verfügen können, wie Emotionen und unser Wissensnetzwerk sich beeinflussen. Unsere Emotionen bestimmen nämlich, wie und in welchem Rahmen wir uns Wissen aneignen, und dies ist damit verbunden, wie wir unser Wissen anwenden wollen, welche Ziele und Absichten wir verfolgen. Daher können wir keine Maschine, keinen Roboter so konstruieren, dass er z.B. den kategorischen Imperativ befolgt, denn gerade beim „Wünschen, dass alle so handeln," gibt es keinen absoluten Maßstab, den wir beim Konstruieren einer Maschine brauchen. Man kann es sich auch logisch-mathematisch veranschaulichen: in „Liebe, Macht und Sexualität" habe ich jeweils ein kreisförmiges Schema für kluges und für verantwortungsvolles bzw. weises Handeln konstruiert, wobei auf demselben Kreis dieser nur in entgegengesetzter Richtung durchlaufen wird (Kolb, 2017c). Kurz zusammengefasst ist kluges Handeln auf bestimmte Ziele ausgerichtet, während verantwortungsvolles Handeln diese Ziele hinterfragt und so den Kreis des klugen Handelns reflektiert im doppelten Sinne. Da wir ständig in diesem Kreis die Richtung ändern, also abwechselnd einmal klug und einmal weise handeln können, lässt sich unser menschliches Handeln niemals rekursiv bestimmen, d.h. es gibt keinen Anfangszustand, von dem aus (z.B. mithilfe einer Formel) sich unser zukünftiges Handeln bestimmen lässt. Bei der Programmierung einer Maschine braucht man diese Rekursivität aber, und weil wir nicht zufällig und auch nicht vorhersagbar zwischen klugem und weisen Handeln hin- und herspringen, nutzt auch ein Zufallsgenerator an dieser Stelle nichts. Wenn ein Mensch einem Roboter die Ziele und Absichten vorgibt, dann ist das Wissen des

Roboters insofern besser, als dass er sich weniger täuscht als ein Mensch. Wir brauchen deswegen aber keine Angst vor Robotern zu haben, dass sie uns beherrschen könnten, sondern nur vor Menschen, die diese Roboter konstruieren, programmieren und dann benutzen. Andererseits können Roboter Menschen auch helfen: es gibt z.B. Exo-Skelette, denen man über EEG-Signale befehlen kann, bestimmte Bewegungen auszuführen, sodass Lähmungen kompensiert werden können. Auch dass Steven Hawking trotz ALS sprechen konnte, war nur möglich durch eine Zusammenarbeit von Mensch und künstlicher Intelligenz.

Um auf eine weitere Weise zu veranschaulichen, dass Roboter Wissen nicht absichtsvoll gestalten können, möchte ich den Fall einmal genauer betrachten, wenn jemand eine neue Kontingenz entdeckt hat, die sich nicht so einfach in sein Wissensnetzwerk integrieren lässt und insofern eine Anomalie für sein bisheriges Wissen darstellt. Angenommen, er müsste dazu große Teile davon umändern, etwa ein wichtiges Paradigma seines Handelns durch ein ganz neues ersetzen. Wenn diese Kontingenz nur einmalig auftritt, fällt es leicht, sie wie oben beschrieben zu verdrängen. Taucht sie dagegen immer öfter auf und mit ihr vielleicht noch andere Anomalien, die nicht zum bisherigen Wissen passen, dann ist die betreffende Person gezwungen, nach neuen Paradigmen zu suchen, wenn sie z.B. befürchten muss, anderen gegenüber auf Dauer in eine nachteilige Position zu kommen. Angenommen, sie hat ein neues Paradigma gefunden, wodurch die Anomalien integriert werden können, es also allem Anschein nach zumindest vorläufig keine Anomalien mehr mit diesem neuen Paradigma gibt.

In der Regel wird es dann drei verschiedene Meinungen zu folgenden Fragen geben: (1) Lassen sich alle bisher entdeckten Kontingenzen einschließlich der Anomalien wirklich deutlich besser mit dem neuen Paradigma in ein funktionierendes Wissensnetzwerk integrieren (sachliche Existenzfrage)? (2) Sollen wir genau dann das alte durch das neue Paradigma ersetzen, wenn sich alle Kontingenzen damit besser integrieren lassen ([moralische] Regelfrage)? (3) Sollen wir den Paradigmenwechsel vornehmen (praktische Entscheidungsfrage)? Die eine Meinung, ich will sie Fortschrittsglaube

nennen, bejaht alle drei Fragen, die andere, ich will sie als traditio-
nalistisch bezeichnen, bejaht nur die zweite Frage, und die dritte
Ansicht, eine bequeme oder auch vorsichtige Haltung, bejaht nur
die erste Frage, denn es ging ja bisher auch ohne das neue Paradigma, warum Risiken eingehen, dass womöglich nichts mehr funk-
tioniert („Never touch a running system"), und sich die Arbeit machen, alles umzustellen. Wir haben hier zum einen den Sachkon-
flikt, ob das neue Paradigma wirklich besser ist, und zum anderen
den Interessenkonflikt, ob eine Umstellung die Mühe wert ist
und/oder das Risiko lohnt. Drittens gibt es noch einen persönlichen
Konflikt, z.B. ob man den Konstrukteuren (z.B. man selbst, Eltern
oder Lehrer, denen man sich verpflichtet fühlt) des alten Paradigmas die Treue hält und sie weiterhin ehrt oder ihre Errungenschaf-
ten sozusagen mit Füßen tritt. Der persönliche Konflikt kann aber
auch moralischer Art sein: wenn man die Regel befürwortet, genau
dann das Paradigma zu wechseln, wenn das neue besser ist, kann
man sich jeweils Heuchelei vorwerfen, nämlich bei der Haltung des
Fortschrittsglaubens, man sei oberflächlich, würde naiv jeder Mode
folgen und spielte sich als fortschrittlich auf, obwohl man nur be-
wundert werden wollte, während man in der traditionalistischen
Haltung sich als faul, stur und borniert bezeichnen kann. Die bequeme Haltung, die die Regel ablehnt, kann sich selbst als vorsich-
tig, klug und ehrlich verteidigen, kann aber auch als unmoralisch
oder dumm hingestellt werden.

Je nachdem ob und wie diese Konflikte jeweils gelöst werden, entwickelt sich das Wissen, und niemand kann voraussagen,
was wann geschieht. Übrigens, wenn alle drei Meinungen gleichwertig bzw. gleichermaßen unsicher für jemanden sind, dann be-
findet er sich in einem Trilemma. Er kann nicht gleichzeitig alle drei
Fragen zulassen (Universalitätsprinzip), und sich nach dem Mehr-
heitsprinzip der drei etwa gleich wahrscheinlichen Meinungen entscheiden, denn dann verstößt er gegen das Rationalitätsprinzip: die
erste Frage, ob das neue Paradigma besser ist, und die zweite
Frage, ob man genau dann das neue Paradigma übernehmen sollte,
werden beide mehrheitlich bejaht, aber die dritte Frage, ob man
das Paradigma wechseln soll, wird mehrheitlich verneint, und das

ist irrational. Dabei sind alle drei Meinungen in sich logisch schlüssig. Ohne eine Lösung der o.e. drei Konflikte haben wir eine Patt-Situation, nämlich dieses Trilemma, denn zum einen können wir nicht beliebige Wissensbereiche ausschließen, das verstößt gegen das Universalitätsprinzip, zum anderen bringen wir ohne eine Mehrheit nicht genug Energie auf oder blockieren uns selbst, und drittens ist irrationales Handeln früher oder später zum Scheitern verurteilt.

Das letzte Beispiel hat übrigens auch gezeigt, dass es zwischen individuellem und gemeinschaftlichem Wissen keine strukturellen, sondern höchstens inhaltliche Unterschiede geben kann. Insgesamt kann man festhalten, dass Wissen immer emotional gefärbt ist und niemand dessen Entwicklung voraussagen kann. Damit ist auch jegliches Handeln prinzipiell unwägbar. Ein gewisses Maß an Freiheit und Menschlichkeit im positiven Sinne können wir nur gemeinsam erreichen, und zwar durch die Weiterentwicklung unserer Liebesfähigkeit. Denn, (1) indem wir dabei Verbindlichkeiten eingehen, befreien wir uns von manchen Unwägbarkeiten der Zukunft, (2) indem wir verzeihen bzw. so viel wie möglich nicht persönlich übelnehmen (wohl aber allgemein die Tat als solche), befreien wir uns von vielen Altlasten der Vergangenheit, und (3) indem wir unser Dasein dankbar annehmen, befreien wir uns in der Gegenwart von dem Zwang, immer wieder etwas oder uns selbst ändern zu müssen.

6. Sinnlichkeit

Bei den verschiedenen Sinneskanälen des Geschmacks-sinns, des Geruchssinns, des Tastsinns, des Gehörsinns und des Gesichtssinns dominiert eindeutig der visuelle Sinneskanal. Zum einen lässt sich dies an unserem Sprachgebrauch erkennen: wenn es um das Zusammenleben von Menschen geht, verwenden wir viele Wörter, die mit dem Sehen zu tun haben, z.b. Rücksicht, Vorsicht, Nachsicht, Einsicht, Übersicht, Umsicht, Ansicht, Aussicht, Absicht, Aufsicht, Sichtweise und Durchblick, Respekt (von Latein, spicere = schauen, sehen, spähen), Inspektor, Perspektive, Aspekt u.ä.. Etwas Entsprechendes für die anderen Sinne findet sich in etwas geringerem Ausmaß nur noch beim Gehörsinn. Außerdem gibt es Experimente, die die Dominanz des Visuellen aufzeigen: wenn Sie eine Plastikhand neben Ihre eigene Hand legen und die Sicht auf Ihre Hand verhindert wird, und wenn eine zweite Person gleichzeitig und in demselben Rhythmus sowohl Ihre verdeckte und die sichtbare Plastikhand streichelt, dann haben Sie nach etwa zwei Minuten den Eindruck, dass die Plastikhand Ihre eigene Hand ist. Unser Gehirn hat nämlich die Eigenart, sich aus Informationen, die von verschiedenen Sinneskanälen stammen, einen Gesamteindruck zu bilden. Wenn jemand daher die Plastikhand für seine eigene hält, dann hat sich die Information des visuellen Sinneskanals gegenüber der des Tastsinns beim Gesamteindruck durchgesetzt.

Als dominanter Sinn setzt uns das Visuelle entsprechend unter Druck, uns mit unserer Umwelt geistig auseinanderzusetzen, zumal es ein Sinn für die Fernwahrnehmung ist wie der nächst-dominante Sinn, der Gehörsinn, der mehr unsere Empfindungen berührt. Überhaupt ist das, was wir als Sinne bezeichnen, auf unsere Umwelt ausgerichtet und nicht auf uns selbst. Insofern scheint es so zu sein, wenn mir dieses Wortspiel erlaubt ist, dass der Sinn in unserer Umwelt zu finden ist und nicht bei uns selbst. Um hier ein Gleichgewicht zu schaffen, ist es nur sinnvoll, sich von der Wahrnehmung her einmal sich selbst zuzuwenden und den eigenen Körper bzw. unseren Leib zu spüren und unsere Aufmerksamkeit allen möglichen Körperprozessen im Hier und Jetzt zu widmen, insbesondere unserer Atmung. Wenn wir so immer mehr zu uns selbst bzw. in unsere Mitte kommen und so immer mehr einen Bezug herstellen zwischen dem Fremden, das uns begegnet oder widerfährt, und dem Eigenen, das wir sind, können wir immer echter und unmittelbarer verstehen, wozu wir da sind, das Gemeinsame von dem verstehen, was fremd und eigen ist, das Worumwillen unseres Daseins, wie Heidegger es nennt (Heidegger, 2006). Dieses Verständnis, wenn es echt und unmittelbar ist, habe ich als die Utopie der vollkommene Liebe bezeichnet (Kolb, 2017a), in der Fremd- und Eigenliebe dasselbe bedeuten.

Wenn wir unsere o.e. fünf Sinne, die auf die Wahrnehmung von Fremdem ausgerichtet sind, das uns begegnet oder widerfährt, auf uns selbst lenken, dann <u>haben</u> wir einen Körper mit verschiedenen Teilen wie Arme, Beine, Kopf usw., die wir benutzen können. Mit diesen Fremd-Sinnen, wie ich sie nennen will, versetzen wir uns in andere hinein und stellen uns vor, wie diese uns mit ihren Fremd-Sinnen wahrnehmen. Unser Körper ist uns in diesem Sinne fremd und nicht vertraut. Wenden wir uns dagegen unseren eigenen Regungen zu, die z.B. in der Gehirnregion des ACC[8] verarbeitet werden, dann spüren wir unseren Leib als Einheit, wir <u>sind</u> dann unser Leib. Man könnte diese Sinne Spür-Sinne nennen, ich will sie aber als Eigen-Sinne bezeichnen. Wenn wir sagen, dass wir einen Körper haben, dann sind wir in einem Als-ob-Modus unseres Erlebens und stellen uns dabei vielleicht vor, welche Möglichkeiten wir mit diesem Körper haben. Genauer gesagt, wir tun so, <u>als ob</u> wir diese Möglichkeiten hätten. Wenn wir unser Leib sind, spüren wir unsere Lebendigkeit und sind in einem Äquivalenz-Modus. Wir vergleichen dann unser momentanes Befinden mit früheren Empfindungen, die den jetzigen <u>äquivalent</u> sind. Im Äquivalenz-Modus sind wir also eher auf die Vergangenheit und vergangene Erfahrungen ausgerich-

---

[8] Der so genannte Anterior Cingulate Cortex (ACC) am oberen Ende des Frontallappens (wo manche vom dritten Auge sprechen) vermittelt das sogenannte Bauchgefühl, Vorahnungen oder den sogenannten sechsten Sinn.

tet und im Als-ob-Modus auf die Zukunft und zukünftige Möglich-keiten. Wenn wir dann aktiv werden oder passiv bleiben und die Ergebnisse oder Folgen davon wahrnehmen, sind wir in einem Re-alitätsmodus des Erlebens und in der Gegenwart angekommen, die uns Auskunft darüber gibt, wie angemessen unsere Empfindungen und unsere Vorstellungen gewesen sind[9]. Das, wo unsere Erfahrun-gen herkommen, unsere Herkunft, zusammen mit den Möglichkei-ten, die auf uns zukommen können, unsere Zukunft, lenkt unsere Aktivitäten so, dass wir in der Gegenwart ankommen, und das ist unsere Ankunft. Dabei müssen wir mit der Realität auskommen, die uns Auskunft gibt, wie wir noch differenzierter entsprechende Situ-ationen[10] wahrnehmen, noch besser empfindungsmäßig beurteilen (das Wahrgenommene in einem Gesamteindruck integrieren) und noch geschickter gemäß unseren Erwartungen die Situation regu-lieren können.

Im Äquivalenz-Modus sind die Eigen-Sinne wichtig, im Als-ob-Modus die Fremd-Sinne, und im Realitätsmodus wird die Verar-beitung beider Sinnesarten kritisch überprüft, was man wie verbes-sern kann. In der Begegnung und im Kontakt mit anderen sind beide Sinnesarten wichtig, insbesondere die Eigen-Sinne, die uns vermit-teln, wie gut wir z.B. mit anderen in Resonanz sind und eine ge-meinsame „Wellenlänge" bzw. einen gemeinsamen Rhythmus ha-ben. Diese Art der Wahrnehmung wird oft als Sinnlichkeit oder Sen-sualität im eigentlichen Sinne bezeichnet. Diese Sinnlichkeit um-fasst auch die Sexualität und ist wesentlich mehr. Walter Lechler,

---

[9] Als-ob-, Äquivalenz- und Realitätsmodus befinden sich in einem absolut dialektischen Verhältnis, d.h. zwei von ihnen vermitteln das dritte und die-ses zwischen den beiden anderen.
[10] Eine Situation ist ein raumzeitlich bezüglich eines Zieles bzw. eines Wo-rumwillens begriffener Zusammenhang, in dem ein Lebewesen innerhalb bestimmter räumlicher und zeitlicher Grenzen bzw. Horizonte materielle Gegensätze unterscheiden bzw. wahrnehmen, Aussichten beurteilen (was auf es zukommen kann) und praktische Zusammenhänge sowohl induktiv als auch deduktiv, als auch conduktiv schlussfolgernd sich erschließen kann, wo etwas im Allgemeinen herkommt, wo etwas im Speziellen hin-führen und womit man im Einzelnen zusammengeführt werden kann.

der inzwischen verstorbene ehemalige Chefarzt der Psychosomatischen Klinik in Bad Herrenalb, verglich die Sinnlichkeit mit dem Buchstaben „i" und meinte, die Sexualität entspreche in diesem Bild nur dem Punkt auf dem „i". Wenn diese Sinnlichkeit dann immer mehr zu echtem und unmittelbarem Verständnis führt von dem, wozu wir da sind (wobei wir u.U. auch unsere Geschicklichkeit im Handeln trainieren und verbessern müssen), wenn wir uns also auf diese Weise immer mehr der Utopie der vollkommenen Liebe nähern, dann wird unser Dasein immer sinnvoller, und unsere Sinnlichkeit bekommt ihren eigentlichen Sinn.

7. Herzlichkeit

Bei Herzlichkeit fällt mir nicht nur das liebevoll-wohlwollend gestimmte Gegenübertreten von Menschen ein, sondern das Von-Herzen-Kommende hat auch etwas zu tun mit dem organischen Herzen des Körpers, dessen Motor es ist. Symbolisch steht das Herz mit seiner Kraft und Ausdauer dafür, dass jemand sich für andere tatkräftig engagiert, ohne dies zu müssen (es kommt von Herzen). Das engagierte Handeln ohne Zwang ist das, was den Daseinsmodus der Spezies[11] idealerweise auszeichnet als Ausdruck von echtem und unmittelbarem Verstehen unseres Daseins. Dieses Verstehen habe ich in seiner Vollkommenheit als die Utopie der vollkommenen Liebe bezeichnet (Kolb, 2017a). Dies ist der Bedeutungszusammenhang von Herzlichkeit, Herz und Liebe.

Herzlichkeit bedeutet auch, dass wir herzlichen Kontakt mit jemandem haben können, der über viel Herzlichkeit verfügt. Herzlicher Kontakt beginnt auf der sogenannten Herzensebene bzw. auf der körperlichen Ebene der Brust. Es gibt den Spruch „Amico pectorem, inimico frontem", „Dem Freund die Brust, dem Feind die Stirn", der der Brustebene den freundschaftlich-herzlichen Kontakt zuschreibt. Kontakt kommt von Lateinisch „contangere", sich berühren, und im übertragenen Sinn berühren sich bei einem herzlichen Kontakt die Herzen. Sie schlagen dann in demselben Rhythmus, sagt man. Wenn zwei Menschen sehr in ein Gespräch vertieft sind, atmen sie häufig auch in demselben Rhythmus. Wer ein anderer ist, erkennen wir nur im Kontakt mit ihm oder ihr, und zwar über Rhythmik und Resonanz. So lernen Menschen sich immer mehr auf einer herzlichen Ebene kennen.

Im Kontakt mit anderen gibt es aber noch etwas anderes zu bedenken außer der Frage, wie ich andere Menschen immer besser kennenlernen kann, nämlich welche Wechselwirkungen es zwi-

---

[11] Das ist der Modus, wenn wir bestimmte Möglichkeiten des Seinkönnens planen und wählen.

schen anderen und mir gibt, ob und wie ich sie beeinflusse und jeweils umgekehrt sie mich, und was dabei mit Absicht und was absichtslos geschieht, inwieweit ich verantwortlich bin für das, was im
Kontakt mit anderen Menschen geschieht. Im Wort „beeinflussen"
steckt das Wort „Fluss" bzw. „fließen", es hat also etwas mit Rhythmus zu tun, ein Wort, in dem das indogermanische Wort „ri",
„Fluss" und „fließen", vorkommt. Man kann einander am besten
verstehen und beeinflussen, wenn man auf derselben „Wellenlänge" ist. Ganz allgemein findet die wechselseitige Beeinflussung
oder Kommunikation auf drei Ebenen statt, die man an bestimmten
Körperregionen festmachen kann. Es sind dies die Ebene der Augen
mit dem Blick, der Stimme und der Gesichtsmimik als Träger der
Kommunikation, die Ebene der Brust mit Händen, Gestik, Zeichen-
Machen und Sprache als Ausdrucksmittel der Kommunikation und
die Ebene des Beckens mit der gesamten Körperhaltung und Bewegung als Übermittler der Kommunikation[12].

Die Ebene des Beckens mit Körperhaltung und Bewegung
weist zurück auf die Herkunft und bewegt und motiviert uns auch
psychisch wie die Vor-Habe beim hermeneutischen Zirkel
(Heidegger, 2006), die Harmonie in der Musik oder die Berührung
(Diathigê) beim Rhythmus[13]. Die Ebene der Augen mit dem Blick-
kontakt, der Stimme und der Mimik hat etwas Zukunftsweisendes
und Geistig-Ideales wie die Vor-Sicht beim hermeneutischen Zirkel,

---

[12] Etwas ausführlicher in „Rhythmus, Intuition und Liebe" (Kolb, 2017b).
[13] Der Begriff Rhythmus besitzt in der griechischen Philosophie eine Dop-
pelnatur (Buchheim, 1994, S. 184 ff.): Einerseits ist Rhythmus (zum Beispiel bei Demokrit) etwas Dynamisches, ein Fließen mit einem Anschwel-
len und Abklingen, das Verschmelzen und Eins-Werden, andererseits fasst
Heidegger in der Tradition von Aristoteles und dessen Metaphysik Rhythmus als etwas Statisches auf wie das Skhêma als Fügung oder ein Sich-
Fügen. Aristoteles hat den Rhythmus (Rhysmôs, die poetische Form von
Rhythmus, die auch Charakter bedeutet), die zweiseitige, also interferie-
rende Berührung (Diathigê) und die Wendung, den Drall oder den Effekt
(Tropê) der griechischen Atomisten (Leukipp und Demokrit) als das, worin
sich Seiendes unterscheide, entsprechend umgedeutet in Form (Skhêma),
Anordnung (Taxis) und Lage (Thesis).

die Melodie in der Musik oder die Wendung (Tropê) beim Rhythmus. Die Ebene der Brust mit Händen, Gestik, Zeichen-Machen und Sprache ist gehalten in den beiden anderen Kontaktebenen und zeigt uns körperlich-materiell, wo wir angekommen sind, die Ankunft, wie der Vor-Griff beim hermeneutischen Zirkel, der augenblickliche Klang in der Musik oder die augenblickliche Form beim Rhythmus.

Hohe Töne oder blinkendes Licht (Ebene der Augen) haben meist einen hellen, grellen, spitzen, schrillen Charakter und warnen daher vor Gefahren in der Zukunft oder lenken zumindest die Aufmerksamkeit auf etwas Bevorstehendes. Tiefe Töne wie Bässe, Pauken und Trommeln oder indirekte Beleuchtung (Ebene des Beckens) haben in der Regel einen dunklen, dumpfen, stumpfen Charakter und können unseren Körper zum Vibrieren bringen und uns bewegen, sodass wir unsere animalische Herkunft spüren. Und mittelhohe Töne oder Farbmuster (Ebene der Brust) haben entweder wie ein Cello oder die Farbe Gold einen weichen, warmen und herzlichen Charakter oder einen harten und kalten wie eine Gitarre mit Stahlseiten oder die Farbe Silber und heißen uns entweder willkommen bzw. empfangen uns herzlich in der augenblicklichen Situation[14], in der wir gerade angekommen (Ankunft) sind, oder zeigen uns die „kalte Schulter" und weisen uns ab.

Da man etwas am besten affektiv begreifen und befindlich verstehen kann, wenn man dessen Herkunft und die weitere mögliche Entwicklung kennt, möchte ich, was die wechselseitige Beeinflussung betrifft, die erste zwischenmenschliche Beziehung und deren mögliche Entwicklung betrachten, nämlich die Beziehung zwischen Mutter und Kind. In der Schwangerschaft ist das Kind eine

---

[14] Eine Situation ist ein raumzeitlich bezüglich eines Zieles bzw. eines Worumwillens begriffener Zusammenhang, in dem ein Lebewesen innerhalb bestimmter räumlicher und zeitlicher Grenzen bzw. Horizonte materielle Gegensätze unterscheiden bzw. wahrnehmen, Aussichten beurteilen (was auf es zukommen kann) und praktische Zusammenhänge sowohl induktiv als auch deduktiv, als auch conduktiv schlussfolgernd sich erschließen kann, wo etwas im Allgemeinen herkommt, wo etwas im Speziellen hinführen und womit man im Einzelnen zusammengeführt werden kann.

Erweiterung der Mutter, und die gegenseitige Beeinflussung ist weitgehend absichtslos, zumindest von Seiten des Kindes. Die Mutter wird höchstens bestimmte Vorsichtsmaßregeln befolgen, damit Schwangerschaft und Geburt möglichst komplikationslos verlaufen, und wenn sie sich auf ihr Kind freut, wird sie dies auch gerne und in Liebe machen. Inwieweit ihr ungeborenes Kind davon beeinflusst wird, lässt sich in manchen Bereichen nur vermuten, insgesamt tut es beiden auf jeden Fall gut.

Diese symbiotische Beziehung mit ihrer weitgehend unspezifisch-absichtslosen wechselseitigen Beeinflussung dauert noch eine Weile nach der Geburt an, wobei hier nur die Kontaktebene der Augen die Kommunikation bestimmt. Mutter und Kind sehen sich oft intensiv in die Augen, beide reagieren sehr auf die Stimme des anderen, das Kind erkennt bald das Gesichtsschema und antwortet darauf mit einem Lächeln. Das Symbiotische ändert sich aber nach und nach in verschiedenen Bereichen, was mit der Entwicklung der Selbständigkeit des Kindes zusammenhängt, mit der Entwicklung des Selbst, wie dies bei Fonagy et al. beschrieben (Fonagy, Gergely, Jurist, & Target, 2008) und von mir in meiner Daseinsanalyse verarbeitet wurde (Kolb, 2017a, S. 66 ff., Kapitel 3).

In der symbiotischen Mutter-Kind-Beziehung, bei der es nur die Kontaktebene der Augen gibt, ist die Mutter dominant, d.h. sie beherrscht das Geistig-Ideale, plant die Zukunft und trifft spezifische Entscheidungen, und das Kind fühlt sich mit den Regungen seines Leibes[15] als Erweiterung seiner Mutter. Ein entsprechend mütterlicher Blick mit entsprechender Mimik (manchmal auch mit einer bestimmten höheren Tonlage der Stimme), sei er freudig bewundernd, streng und kontrollierend, beschützend, helfend, vorwurfsvoll, besorgt oder liebevoll, kann auch später noch bei jedem von uns die leibliche Wahrnehmung auslösen, als seien wir lediglich die Erweiterung eines dominanten Gegenüber. Schmitz nennt dieses Phänomen „Einleibung" (Schmitz, 2011, S. 29 ff.), wenn man

---

[15] Ich unterscheide bei unserer Physis die beiden Aspekte unseres Leibes mit all seinen Regungen, der wir sind, und unseres Körpers mit seinen verschiedenen Teilen, die wir haben.

sich als Erweiterung von etwas fühlt, „in eine leibliche Dynamik aufgenommen" (ebenda, S. 29). Je mehr ein Kind sein physisches Selbst entwickelt, desto mehr setzt es dieses dem freudig bewundernden Blick der Mutter entgegen und hat damit immer mehr eine Fassung (ebenda, S. 45) seines Selbst gewonnen, mit der es der Dominanz seiner Mutter in diesem Bereich entgegenwirken kann. *„Fassung* ist das, was man verliert, wenn man die Fassung verliert" (ebenda). Entsprechendes gilt für das soziale Selbst und den strengen kontrollierenden Blick, das teleologische Selbst und den beschützenden Blick, das intentionale Selbst und den helfenden Blick, das repräsentationale Selbst und den vorwurfsvollen Blick und das geschlechtliche Selbst und den liebevoll-besorgten Blick. Andererseits kann auch ein Kind seine Mutter mit Blicken beeinflussen, indem es seine Mutter freudig lächelnd, fragend, schelmisch, herausfordernd, wütend oder devot, ängstlich, traurig oder schuldbewusst anschaut. Ein entsprechend kindlicher Blick, wozu auch immer eine entsprechende Mimik und manchmal eine kindlich hohe Stimme gehören, kann auch später im Erwachsenenalter andere Menschen beeinflussen und sie zu elterlichen Reaktionen bringen bzw. dazu, die Führung und die Verantwortung zu übernehmen. Der oder dem anderen die Stirn zu bieten (s.o., „inimico frontem", „dem Feind die Stirn") kann aber auch bedeuten, dass ich ihm oder ihr die Schuld und die Verantwortung gebe und sie oder ihn so angreife.

Sobald ein Kind sich immer mehr bewegen kann, kommt die Kontaktebene des Beckens immer mehr ins Spiel. Seine Mutter interpretiert dann immer mehr, von was ihr Kind ergriffen ist bzw. was ihr Kind psychisch motiviert, sich anzustrengen und zu bewegen, d.h. woher es kommt (Herkunft), dass ihr Kind sich wie und wohin bewegt. So erzeugt die Mutter immer mehr Interpretationen über die individuellen Empfindungen ihres Kindes, mit denen sie ihr Kind immer mehr konfrontiert. Entsprechende Interpretationen von anderen über unsere Empfindungen können uns auch noch später einschüchtern und eine entsprechend „eigen-sinnige" (s. voriges Kapitel) Wahrnehmung auslösen, als ob der oder die betreffende andere uns durchschaut und mehr von uns weiß als wir

selbst. Da wir bei der Entwicklung unseres Selbst auf den verschiedenen Entwicklungsebenen nach und nach lernen, alle unsere Empfindungen immer mehr zu begreifen (Kolb, 2017a, S. 66 ff., Kapitel
3), gewinnen wir auf diese Weise immer mehr eine Fassung, mit
deren Hilfe wir uns gegen Interpretationen von anderen immer
besser wehren können und uns immer weniger davon einschüchtern lassen. Wir müssen uns allerdings nicht immer wehren, wir
können unsere Fassung „auch einmal aufs Spiel setzen" (Schmitz,
2011, S. 46) und vom anderen dadurch mehr intuitiv wahrnehmen.
Als Feedback kann uns eine solche Interpretation auch viel über uns
selbst mitteilen, wie wir auf andere wirken, aber nur bedingt darüber, wie wir tatsächlich sind.

Sobald sich ein Kind immer mehr planvoll verhalten, mit
den Händen Zeichen geben (auf etwas deuten) und sich entsprechend auch sprachlich ausdrücken kann (z.B. im Brustton der Überzeugung), kommt die Kontaktebene der Brust immer mehr zum
Tragen. Einerseits zeigt ein Kind dabei herzlich und offen der Mutter, was es kann, versucht auch, ihr dadurch zu imponieren und sie
zu beeindrucken, also in diesem Fall sie ganz offen zu beeinflussen,
zu überzeugen, zu überreden oder irgendwie Reaktionen der Mutter hervorzurufen, andererseits können Mutter und Kind auf dieser
Kontaktebene herzlich und solidarisch zusammenarbeiten und eine
Aufgabe gemeinsam bewältigen. Während bei den anderen beiden
Ebenen die Mutter die Führungsrolle übernimmt oder vom Kind
hineingedrängt wird, zieht auf dieser Kontaktebene das Kind nach
und kommt *selbst* in der gemeinsamen Situation an (Ankunft). Es
ist mit ganzem Herzen dabei, daher auch Kontaktebene der Brust,
in der das Herz schlägt. Zum ersten Mal geschieht dies auf der
Ebene des intentionalen Selbst, wenn ein Kind seine Absichten zeigt
und seiner Mutter demonstriert, was es schon alles kann und wo es
noch Unterstützung braucht. Entsprechendes geschieht auf allen
weiteren Entwicklungsebenen bis zum geschlechtlichen Selbst, wobei auf der geschlechtlichen Ebene an Stelle der Mutter ein Beziehungspartner die Position des Gegenübers oder des Solidarpartners einnimmt. Auf der Kontaktebene der Brust vollzieht sich auch
die Sprachentwicklung, beide Beziehungspartner können sich dann

herzlich und offen darüber austauschen, was auf den beiden anderen Kontaktebenen zwischen ihnen geschieht, und lernen so, immer mehr die Verantwortung dafür zu übernehmen, wie sie aufeinander und auf andere wirken.

Auf den beiden Kontaktebenen der Augen und des Beckens kann in der Begegnung mit anderen noch vieles unkontrolliert und verdeckt ablaufen. Hier ist Wissen Macht und eine Versuchung, den anderen, der weniger weiß, zu manipulieren. Erst auf der Kontaktebene der Brust kommen Herzlichkeit und Offenheit ins Spiel, und zwei Menschen können sich hier immer freier, erwachsener und gleichberechtigter begegnen, sodass mithilfe einer wachsenden kommunikativen Solidarität eine immer größere und vollkommenere Harmonie entsteht. Diese Harmonie kann sich so immer mehr auf die Utopie einer absoluten Freiheit und Gleichheit hin entwickeln, d.h. wir befinden uns auf dem Weg zur vollkommenen Liebe (Kolb, 2017a, S. 30 f.).

Bei einem partnerschaftlichen Austausch auf Herzensebene ergänzen sich zwei Prozesse bei den beiden Partnern: zum einen bekommen sie eine Idee, bilden sich vorausschauend entsprechende Vorstellungen über die Zukunft, die sie dann verbalisieren und der oder dem anderen offen und vom Herzen her mitteilen. Dabei bildet das Verbalisieren, das in Worte fassen, eine Art kritische Engstelle, bei der die Gefahr des missverständlichen Formulierens und Ausdrückens besteht. Zum anderen entstehen immer wieder Regungen und Lebensimpulse, die mit vergangenen Erfahrungen zusammenhängen und sogenannte Bauchgefühle bilden. Daraus resultieren dann Wünsche und Bedürfnisse zur Selbsterhaltung, die es ebenfalls offen und von Herzen her mitzuteilen gilt. Bei den Wünschen und Bedürfnissen besteht ebenfalls die Gefahr von Missverständnissen, dass sie nicht gegen den oder die andere(n) gerichtet, sondern für einen selbst sind. Je verständlicher füreinander diese Prozesse ablaufen, desto echter und unmittelbarer wird das gegenseitige Verstehen und damit umso vollkommener die gegenseitige Liebe (ebenda). So dient die Herzlichkeit der Weiterentwicklung unserer Liebesfähigkeit.

8. Gerechtigkeit

Gerechtigkeit ist für jede menschliche Gemeinschaft wichtig, andernfalls kann die Harmonie innerhalb dieser Gemeinschaft derart gestört werden, dass sie zerbricht und jeder gegen jeden kämpft. Gerechtigkeit ist immer auf Regeln bzw. ein Regelwerk bezogen und daran ausgerichtet, und diese Regeln beziehen sich darauf, wie zwischenmenschliche Angelegenheiten, z.B. Schädigungen und Konflikte geregelt werden sollen. Manche Regeln sind aber auch dazu da, dass keine Probleme entstehen. Damit erst gar kein Schaden entsteht, gibt es z.B. bei uns auf den Straßen Geschwindigkeitsbeschränkungen oder das Verbot, unter Alkoholeinfluss Auto zu fahren.

Wodurch ist es beeinflusst, dass ein Regelwerk als gerecht gilt, also seine Gültigkeit als gerechtes Regelwerk erhält? Der Einzelne findet und empfindet ein solches Regelwerk als gerecht, wenn es vereinbar ist mit seinen eigenen moralischen Grundsätzen, also damit, was mit seinen eigenen Regeln kompatibel ist, wie er oder sie sich verhalten sollte. Wenn der Einzelne jedoch keine eigenen Regeln bzw. keine Ethik besitzt, sondern ausschließlich an seinen eigenen Vorteil denkt und das Wohl der anderen ihm oder ihr völlig egal ist, dann riskiert sie oder er, früher oder später ausgeschlossen zu werden. Damit setzt er oder sie die Möglichkeiten aufs Spiel, die ihr oder ihm die betreffende Gemeinschaft bietet, d.h. er oder sie verliert an Freiheit. Schon Kant (Kant, Critik der praktischen Vernunft, 1788) hat festgestellt, dass Ethik Freiheit ermöglicht. Für die Gemeinschaft ist ein Regelwerk für das Zusammenleben dann richtig bzw. gerecht, wenn dadurch eine größtmögliche Harmonie innerhalb der Gemeinschaft herrscht. Zum dritten muss ein solches Regelwerk auch umsetzbar sein, es muss auch eine gerechte Praxis geben, was uns zur nächsten Frage bringt.

Wie kann für Gerechtigkeit bzw. für die Einhaltung der entsprechenden Regeln gesorgt werden? Zum einen ist hier jeder Einzelne aufgefordert, sich selbst zu disziplinieren und sich an die Regeln zu halten. Dazu muss er oder sie die Regeln kennen und auch

die jeweiligen Konsequenzen, wenn er oder sie die Regeln nicht ein-
hält. Dafür, wie die Konsequenzen sind bzw. sein sollen, kann es
auch Regeln geben, sogenannte Straf- und Strafverfolgungsregeln.
Je kleiner aber eine Gemeinschaft ist und je häufiger und dauerhaf-
ter die Interaktionen zwischen den einzelnen Mitgliedern sind,
desto weniger braucht man solche Regeln. Das liegt daran, dass in
solchen Gemeinschaften ein Regelbruch ziemlich schnell erkannt
wird und zu entsprechenden Rückmeldungen führt, z.B. zum Entzug
von Zuneigung oder im Extremfall sogar zum zumindest zeitweili-
gen Ausschluss aus der Gemeinschaft. Je gerechter der Einzelne die
Regeln findet (weil sie seinen moralischen Vorstellungen entsprechen), desto leichter fällt es ihr oder ihm, sich zu disziplinieren, und
desto weniger muss er oder sie kontrolliert werden.

Innerhalb der Gemeinschaft ist es für die Einhaltung der Regeln wichtig, dass diese entsprechend kommuniziert und verständlich gemacht werden, inwiefern sie ihren Sinn erfüllen, Harmonie
und Wohlbefinden herzustellen. Dazu müssen soziale Institutionen[16] geschaffen werden, die diese Kommunikation und Verständi-
gung ermöglichen, z.B. über bestimmte Medien wie Presse, Internet oder Fernsehanstalten. Im optimalen Fall bekommen die Mitglieder der Gemeinschaft den Eindruck, dass die meisten anderen
die Regeln für richtig und gerecht halten, sodass der Zusammenhalt
entsprechend groß und ein Wir-Gefühl etabliert ist. Dass diese Meinung von fast allen geteilt wird, hat den Vorteil, dass die Solidarität

---

[16] Unter einer sozialen Institution verstehe ich ein System von Regeln, die
das menschliche Handeln in wichtigen Bereichen des gemeinschaftlichen
Zusammenlebens leiten. Diese Regeln werden mit einer gewissen Macht
durchgesetzt, sodass jeder in der Gemeinschaft, der sich den Regeln nicht
fügt, mit negativen Konsequenzen rechnen muss. Soziale Institutionen ermöglichen erst gemeinsames Handeln, und je erfolgreicher dadurch die
Ziele von einzelnen, von Gruppen oder von der ganzen Gemeinschaft erreicht werden, desto stabiler werden derartige Institutionen und wirken
damit zurück auf den einzelnen, der sich den entsprechenden Regeln dann
immer mehr aufgrund positiver Konsequenzen fügt. Es gibt allgemeine soziale Institutionen, die einer Gemeinschaft eine allgemeine Struktur geben
und die es in jeder Gemeinschaft gibt, und spezifische soziale Institutionen, die eine Gemeinschaft von einer anderen unterscheiden.

gestärkt und gemeinschaftliches Handeln unterstützt bzw. ermöglicht wird. Andererseits wird sozialer Druck ausgeübt, der auch seine Nachteile hat: da kein Regelwerk vollkommen ist und immer wieder an neue Gegebenheiten angepasst werden muss, um einigermaßen gerecht zu bleiben, kann ein zu großer Druck dazu führen, dass das Rechtssystem erstarrt und sowohl die Harmonie als auch die einzelnen Mitglieder in der Gemeinschaft immer mehr leiden.

Die Einhaltung der Regeln muss aber auch durch konsequentes Handeln in der Praxis durchgesetzt werden, der soziale Druck reicht bei größeren Gemeinschaften nicht aus, bei denen sich die meisten nicht persönlich begegnen[17]. Hier bedarf es der sozialen Institution des Strafens z.B. in Form von Polizei, Justiz und Justizvollzug. Beim Strafen kommt es zwangsläufig zu irgendeiner Form der Machtausübung. Man kann hier zwei Formen unterscheiden. Die eine Form der Machtausübung habe ich männlich, die andere weiblich genannt (Kolb, 2017c, S. 119 ff., 3. Kapitel). Warum ich dies so genannt habe, ist dort erläutert (ebenda), ergibt sich aber auch teilweise aus dem Folgenden: Männliche Machtausübung schließt immer Gewalt mit ein, was mehr Vorsicht und Verantwortung bedeutet, und sollte daher nur bei entsprechender Notwendigkeit eingesetzt werden. Sie geht von einem einzelnen Führer als Subjekt aus, und die Hierarchie ist relativ einfach, nur wenige haben Macht, die meisten müssen gehorchen und loyal sein. Weibliche Machtausübung kann man auch auf Zusammenhalt abzielende oder integrierende Einflussnahme nennen. Man kann ihr allerdings punktuell, was Effektivität betrifft, nicht richtig vertrauen, weswegen sie für Notsituationen eher ungeeignet ist, aber auf lange Sicht kann sie mehr bewirken als reine Gewalt. Sie bezieht möglichst viele Mitglieder einer Gemeinschaft in die Ausübung der Macht mit ein, die Hierarchie ist komplex und differenziert, weil prinzipiell jeder jeden kontrolliert.

---

[17] Dieser Punkt ist strittig: manche meinen, dass Strafen als soziale Institution nicht nötig ist, wenn die Moral beim Einzelnen und die Solidarität in der gesamten Gemeinschaft nur groß genug sind. Praktisch konnte so etwas aber noch nicht erreicht werden, und viele halten es für eine Utopie.

Wer bei der männlichen Machtausübung dem Führer gegenüber nicht loyal ist, wird aus der Gemeinschaft ausgeschlossen
oder eliminiert, wer dagegen bei der weiblichen Machtausübung
sich nicht kontrollieren lässt, bei dem bzw. bei der wird versucht,
sie oder ihn zu verändern und so gebessert wieder in die Gemeinschaft zu integrieren. Der Führer bei der männlichen Machtausübung demonstriert seine Macht und stellt sie offen und brutal zur
Schau, während die Subjekte bei der weiblichen Machtausübung
subtil beobachten und analysieren, um immer mehr Wissen im
Sinne von Know-how zu bekommen, wie sie ihre Objekte immer
besser kontrollieren können. Wer sich der männlichen Machtausübung entgegenstellt, wird besiegt und unterworfen oder vernich-
tet, bei der weiblichen Machtausübung bekommt er oder sie im
schlimmsten Fall eine „Gehirnwäsche", er oder sie wird nicht bekämpft, sondern wird dazu gebracht, sich selbst zu bekämpfen, sich
selbst zu disziplinieren bzw. zu beherrschen.

Betrachten wir nun das Regelsystem, welches der Institution des Strafens je nach Form der Machtausübung zugrunde liegt:
bei der weiblichen Machtausübung liegt es in Form genauer Formu-
lierungen und Auslegungen für die praktische Anwendung vor, z.B.
als ein so genanntes Strafgesetzbuch. Je nach Art der Machtausübung unterscheidet sich dieses Regelsystem auch inhaltlich, was
als Verbrechen gilt, genauso wie hinsichtlich Art und Maß der Strafen und der Strafverfolgung. Bei einer vorwiegend männlichen
Machtausübung, also bei einer relativ kleinen Oberschicht mit einem Anführer oder einem alleinigen Despoten, ist dieses Regelsystem inhaltlich relativ einfach, dem so etwas zu Grunde liegt wie
eine „Symmetrie der Rache" (Foucault, 2008, S. 807), d.h. alles was
dem Führer nicht gefällt, ist ein Verbrechen und muss danach bestraft werden, wie sehr es dem Führer missfällt und wie stark seine
Macht dadurch herausgefordert ist (wer stiehlt, dem wird z. B. die
Hand abgehackt, und das schlimmste Verbrechen, welches mit der
schlimmsten Strafe gerächt wird, ist der Mordversuch am Führer),
man betreibt eine Kasuistik (ebenda, S. 801), d.h. es werden nur die
Umstände und Absichten berücksichtigt bzw. die allgemeine Wir-

kung, was dem Daseinsmodus des Genus[18] entspricht, und die spezifische Art der Handlung, was auf den Daseinsmodus der Spezies verweist.

Der Daseinsmodus des Individuums wird praktisch nicht verwendet, den einzelnen gibt es nicht bei einer derart großen Unterschicht. Zur Durchsetzung werden als negative Konsequenzen eines Verbrechens körperliche Schmerzen, Verletzungen und Körperbehinderungen bis zur vollkommenen körperlichen Vernichtung angedroht, denn mit anderen Strafen kann niemand beeindruckt werden, dem man nichts anderes wegnehmen kann als seine körperliche Integrität und Unversehrtheit. Die Strafen sind Strafexempel und werden als Machtdemonstrationen in der Öffentlichkeit durchgeführt. Die Strafverfolgung ist insofern sehr rücksichtslos, weil es egal ist, ob man dabei auch Unschuldige trifft, der Verbrecher wird nicht als einzelner, sondern als Teil eines Kollektivs verstanden, und wenn man nicht genau weiß, wer der Verbrecher ist, dann wird dieses Kollektiv am besten noch strenger bestraft, als man es bei dem einzelnen täte, denn man nimmt an, dass dieses Kollektiv sich später an dem wirklichen Verbrecher, den es ja kennt, rächt, sodass er seiner Strafe nicht entkommt. Tatsächlich kann das Kollektiv auch zusammenhalten, aber dann leidet der eigentliche Täter darunter, dass Freunde und Verwandte mitleiden müssen.

Demgegenüber ist bei einer vorwiegend weiblichen Machtausübung das Regelsystem inhaltlich sehr komplex und differenziert, es liegt ihm eine ganze Reihe von wohldurchdachten Rücksichten und Vorsichtsmaßnahmen zu Grunde. Prinzipiell ist alles das ein Verbrechen, was die innere Harmonie einer Gemeinschaft stört, aber wenn man all diese Störungen ahnden würde, würde

---

[18] Zu den Modalitäten Genus, Individuum und Spezies unseres Daseins: Genus meint unser Dasein als gemeinschaftliche Wesen und unsere Gemeinsamkeiten, wodurch wir Gemeinschaften bilden können, Individuum meint das Dasein als einzelne Wesen und Spezies als handelnde Wesen in bestimmten Rollen und Positionen im Beziehungsgeflecht der jeweiligen Gemeinschaft. Alle drei Modalitäten befinden sich in einem absolut dialektischen Verhältnis, d.h. zwei von ihnen vermitteln das dritte und dieses zwischen den beiden anderen.

man dadurch die Harmonie beeinträchtigen, sodass man hier eine
Schwelle festlegen muss und nur das zum Verbrechen erklärt, dessen Störungsmaß über dieser Schwelle liegt, was oft mit dem Stich-
wort des öffentlichen Interesses bezeichnet wird. Die öffentliche
Bestrafung ist auf jeden Fall zu vermeiden, denn wenn das Publi-
kum Partei ergreift und die Strafe für zu mild oder für zu streng hält
oder gar sich in zwei entsprechende Lager teilt, dann wird dadurch
die Harmonie viel stärker beeinträchtigt, wenn die Bestrafung öffentlich ist. Die Strafe wird aber öffentlich verkündet und das Strafgesetzbuch ist für jeden einsehbar, so dass dadurch ein transparentes Zeichen gesetzt wird, welches abschreckt und weitere Strafta-
ten so verhindert.

Das Exempel bei der männlichen Machtausübung wird hier
durch ein transparentes Zeichen ersetzt und dient genauso der Abschreckung, aber ohne oder zumindest mit wesentlich geringerer
Störung der Harmonie. Es werden auch keine übermäßigen Strafen
verhängt wie bei der männlichen Form der Machtausübung, sondern nur das Minimum, sodass es gerade noch abschreckend wirkt
(ebenda, S. 795). Die Abschreckung setzt nicht beim körperlichen,
sondern beim seelischen und beim geistigen Aspekt des Daseins an,
indem es bestimmte Vorstellungen (ebenda, S. 796) hervorruft.
Aber auch beim Gesetzesbrecher selbst setzt man bei der Bestrafung nicht auf der körperlichen Ebene an, weil dies von anderen als
grausam und unmenschlich betrachtet werden könnte und damit
die innere Harmonie wieder stört, sondern man nimmt ihm bestimmte Möglichkeiten weg, man nimmt ihm etwas von seiner
Macht weg – aufgrund der individualistischen Gesellschaftsform
besitzt jeder etwas davon –, man nimmt ihm etwas von seinem Be-
sitz (Geldstrafe) oder von seiner Bewegungsfreiheit (Gefängnis-
strafe). Weil im Daseinsmodus des Individuums das Dasein beim
Planen und Entwerfen „seine Möglichkeiten als Möglichkeiten ist"
(Heidegger, 2006, S. 145), findet hier im Gegensatz zu einer reinen
Kasuistik wie bei der männlichen Machtausübung eine Individualisierung statt.

Neben den Umständen und der allgemeinen Wirkung auf die anderen (Modus des Genus) und der Intention und Spezifizierung nach Art der Handlung (Modus der Spezies) wird auch auf den Einzelnen geachtet (Modus des Individuums), da die gleiche Strafe nicht dieselbe Wirkung beim Einzelnen und bei der Gemeinschaft hat. Dies hat einen quantitativen Aspekt, wie viele Möglichkeiten der Betreffende vor und nach der Strafe hat (einen Reichen trifft dieselbe Geldstrafe nicht so hart wie einen Armen), und einen qualitativen Aspekt, wie wichtig dem Betreffenden der Verlust bestimmter Möglichkeiten ist und was für eine Position er innerhalb der Gemeinschaft einnimmt. Daher wird bei der Individualisierung auch insofern auf die individuelle abschreckende Wirkung geachtet, dass jemand, der eine Position mit Vorbildcharakter für andere innehat, eine größere Strafe bekommt als jemand mit geringerem Ansehen, sodass derartige Personen motiviert sind, ihrer Vorbildfunktion in entsprechendem Maße gerecht zu werden. Außerdem ist die Wirkung auf die ganze Gemeinschaft eine andere, wenn höher gestellte Persönlichkeiten schwerer bestraft werden. Aufgrund ihrer Vorbildfunktion „verdienen" sie das, weil sie das von allen in sie gesetzte Vertrauen zerstört haben.

Aufgrund der Individualisierung bekämpft man nicht mehr das Verbrechen, sondern die Kriminalität (Foucault, 2008, S. 802), was bedeutet, dass man den Gesetzesbrecher zum Delinquenten macht, den man entweder diszipliniert und bessert und wieder in die Gemeinschaft integriert oder aber in Sicherheitsverwahrung nimmt. „Das Strafsystem ist ein Apparat zur differenzierten Behandlung der Gesetzwidrigkeiten, nicht zu ihrer globalen Unterdrückung" (ebenda, S. 790) wie bei der männlichen Machtausübung. Bei der Strafverfolgung geht es auch um den Einzelnen, man ist nicht strenger und man bestraft auch kein Kollektiv, sondern man ist wachsamer (ebenda, S. 798), setzt entsprechend ausgebildete Polizei ein, forscht und benutzt wissenschaftliche Ergebnisse zur Wahrheitsfindung, sodass die Aufklärungsquote von Verbrechen groß genug zur Abschreckung ist.

Wenn die männliche Form der Machtausübung angewandt wird, bedeutet dies, dass es sich beim Strafen um eine Angelegenheit des Kontakts mit der Außenwelt einer Gemeinschaft handelt, d.h. der Führer und die herrschende Minderheit sieht sich als eine Gemeinschaft und das Volk als nicht dazugehörige Außenwelt, in gewisser Weise als unterworfenes oder erobertes Volk. Damit ist das Strafen in der männlichen Form eigentlich keine soziale Institution der gesamten Gemeinschaft mehr. Bei der weiblichen Form dagegen gehören bezüglich des Strafens alle zur Gemeinschaft, da gibt es keine Elite, die sich über die anderen erhebt und eine Sonderbehandlung genießt, und daher ist hier das Strafen eine soziale Institution im wahrsten Sinne des Wortes, sie dient der Integration und damit der Harmonie innerhalb der gesamten Gemeinschaft. Die praktische Kontrolle der Einhaltung eines gerechten Regelwerks muss daher immer mit der weiblichen Form der Machtausübung verbunden sein, außer es liegt eine Notsituation vor.

Bei Gerechtigkeit geht es nach diesen eher formalen Aspekten von Gerechtigkeit inhaltlich immer um eine faire bzw. gerechte Befriedigung von Bedürfnissen innerhalb einer Gemeinschaft. Hier gibt es die beiden Grundsätze „Jedem nach seinen Leistungen" und „Jeder nach seinen Fähigkeiten, jedem nach seinen Bedürfnissen". Beim ersten Grundsatz, der eher dem männlichen Prinzip[19] entspricht, besteht die Gefahr, dass nicht nur die Leistungen zählen, die das Gemeinwohl fördern, sondern auch die, die im Wesentlichen nur dem Erbringer selbst nutzen, indem er Gewinne daraus sich selbst zuführt und nicht der Gemeinschaft, die sie dann gerecht verteilen könnte (dies geschieht z.B. in kapitalistischen Gesellschaftssystemen). Da man dies nicht vollkommen verhindern kann, bleibt die Gerechtigkeit dabei immer unvollkommen. Beim zweiten Grundsatz, worin sich das weibliche Prinzip[20] spiegelt, fehlt es an Anreizen dafür, dass jeder seine Fähigkeiten der Gemeinschaft zur

---

[19] Das männliche Prinzip lautet: Zuerst sich selbst konsolidieren, um leistungsstark zu sein, bevor man sich für die Gemeinschaft einsetzt und z.B. anderen hilft (Kolb, 2017c, S. 119 ff.), und
[20] das weibliche: Zuerst anderen die eigenen Fähigkeiten zur Verfügung stellen und ihnen helfen, bevor man für sich selbst sorgt (ebenda).

Verfügung stellt. Stattdessen kommt es dazu, dass manche ihre Fähigkeiten dazu nutzen, um Führungspositionen in der Gemeinschaft zu erobern, sodass sie dann ihre Bedürfnisse besser befriedigen können als andere (so etwas passiert z.B. in kommunistischen Gesellschaftssystemen). Auch dies lässt sich nicht vollkommen verhindern, sodass in beiden Fällen die Gerechtigkeit leidet und mit ihr die Menschen, denn auch diejenigen, die sich Vorteile verschafft haben, bekommen die Unzufriedenheit der anderen früher oder später zu spüren, können dies höchstens verdrängen.

9. Ehrlichkeit, Vertrauen und Wahrheit

Das Gemeinsame von Ehrlichkeit, Vertrauen und Wahrheit ist, dass es darum geht, zuverlässige Auskünfte zu bekommen, um sich möglichst wenig zu täuschen und dadurch enttäuscht zu sein. Zuverlässige Auskunft bedeutet zum einen eigenes zuverlässiges Wissen (Wahrheit), zum anderen ein zuverlässiges Auskommen mit anderen (Vertrauen) und zum dritten (sich selbst und anderen gegenüber) ehrliche Rückmeldungen und Eingeständnisse im Umgang mit und Handeln in der Welt. Auskommen und Auskunft sind wortverwandt wie herkommen und Herkunft, zukommen und Zukunft und ankommen und Ankunft. Vertrauen ist in dieser Sichtweise verknüpft mit dem Daseinsmodus des Genus[21], Wahrheit mit dem des Individuums und Ehrlichkeit mit dem der Spezies.

Natürlich spielt Vertrauen auch im Modus des Individuums eine Rolle, und zwar als Selbstvertrauen, und im Modus der Spezies als Vertrauen in die eigenen Fähigkeiten und Fertigkeiten und die der anderen, sowie in Positionen und Rollen in der Gemeinschaft. Allerdings stellen wir uns dabei vor, wie andere uns dabei von ihrer Position aus beurteilen oder wir beurteilen sie von einem generellen Standpunkt aus, und damit sind wir doch wieder im Modus des Genus. Wahrheit im Modus des Genus bedeutet Offenheit und Klarheit in den Beziehungen, und im Modus der Spezies geht es um die wahren Fähigkeiten und Fertigkeiten und die wahren bzw. wirklichen Positionen innerhalb der Gemeinschaft, die jedem bestimmte Möglichkeiten des Seinkönnens ermöglichen. Die jeweilige Sicht auf Beziehungen und Möglichkeiten des Seinkönnens ist dabei

---

[21] Zu den Modalitäten Genus, Individuum und Spezies unseres Daseins: Genus meint unser Dasein als gemeinschaftliche Wesen und unsere Gemeinsamkeiten, wodurch wir Gemeinschaften bilden können, Individuum meint das Dasein als einzelne Wesen und Spezies als handelnde Wesen in bestimmten Rollen und Positionen im Beziehungsgeflecht der jeweiligen Gemeinschaft. Alle drei Modalitäten befinden sich in einem absolut dialektischen Verhältnis, d.h. zwei von ihnen vermitteln das dritte und dieses zwischen den beiden anderen.

aber trotzdem individuell, sodass der Wahrheit stets der individuelle Daseinsmodus zugrunde liegt. Ehrlichkeit im Modus des Genus
meint den ehrlichen Austausch mit anderen und im Modus des Individuums Ehrlichkeit mit sich selbst. Hier spielen immer wieder die
Möglichkeiten des Seinkönnens eine Rolle und damit der Modus
der Spezies.

Die Qualität des Auskommens mit anderen bzw. die des
Vertrauens, die des Auskommens mit sich selbst bzw. die der Wahrheit und die des Auskommens mit den eigenen Möglichkeiten des
Seinkönnens und mit denen der anderen bzw. die der Ehrlichkeit
hängt vom jeweiligen Verständnis ab, also davon, wie echt und unmittelbar wir andere, uns selbst und unsere Möglichkeiten des
Seinkönnens und die der anderen verstehen. Dieses Verständnis ist
das unseres menschlichen Daseins, wozu und worum willen wir
überhaupt da sind, obwohl wir früher oder später sterben und unser Dasein ein Zum-Ende-Sein ist, wie Heidegger sich ausdrückt
(Heidegger, 2006). In seiner Vollkommenheit habe ich dieses Verständnis die Utopie der vollkommenen Liebe genannt (Kolb,
2017a), die Fremd- und Selbst-Liebe gleichermaßen einschließt.

Was kann passieren, wenn unser Verständnis nicht echt
und vollkommen genug ist, wenn wir uns also irren oder gegebenenfalls irren können? Bei Ehrlichkeit geht es darum, Möglichkeiten
zu verstehen. Wenn wir die Möglichkeiten eines anderen unter-
schätzen, geraten wir selbst schnell in einen Nachteil, vor allem
dann, wenn wir unsere eigenen überschätzen. Wir erscheinen oft
arrogant und dominierend, und wenn der oder die andere unsere
bestimmende Art zulässt, beschneidet sie oder er die eigenen Möglichkeiten. Die Beziehung wird suboptimal, die andere Person ist
unterfordert und wir überfordert. Nur wenn sie sich wehrt und wir
bereit sind dazuzulernen, oder wenn wir unsere Fehleinschätzung
selbst erkennen, kann ein derartiges Problem gelöst werden. Wir
können aber auch die Möglichkeiten des anderen überschätzen
und ihn oder sie überfordern, z.B. zu ehrlich sein und die andere
Person mit bestimmten Wahrheiten überfordern. Eine Haltung,
dass jeder meine Wahrheiten vertragen muss, zeugt nicht von einer

großen Bereitschaft, Verantwortung für das zu übernehmen, was wir anderen zumuten.

Zu viel Vertrauen oder zu wenig macht uns entweder naiv und dumm oder verbittert, ängstlich und feindselig. Beides kann schnell wechseln: zuerst sind wir z.b. naiv und vertrauensselig, bis wir nicht mehr übersehen können, dass wir immer mehr benachteiligt werden. Dann schlägt dies in Verbitterung, Angst und Feindseligkeit um, z.B. in der Politik: dann gibt es einerseits diejenigen, die genauso benachteiligt sind, und die Anderen, die nur Vorteile zu haben scheinen, entweder „die da oben", die Elite, oder die „Sozialschmarotzer". Wenn dann ein Demagoge auftritt, der für die Verbitterung und Angst Verständnis zeigt und dem Ärger Ausdruck verleiht, dann schlägt das Misstrauen in allzu großes Vertrauen in diese Führerpersönlichkeit um, vor allem, wenn diese die „Anderen" mutig mit Beschimpfungen angreift und sich als Retter des „benachteiligten Volkes" und „einer von uns" präsentiert. Meistens stimmt daran auch etwas: diese Menschen fühlten sich früher (u.U. nur in der Kindheit) ähnlich ungerecht behandelt wie ihre heutigen Anhänger und haben sich dann mit entsprechend geschicktem und aggressivem Verhalten in gewisser Weise selbst gerettet. Insofern können sie diejenigen, die sich heute benachteiligt fühlen, gut verstehen und ihnen aufgrund des eigenen Erfolgs glaubhaft Hoffnung machen. Hier stellt sich nun die Frage, ob alle derartig erfolgreichen und ehemalig sich benachteiligt fühlenden Menschen zu gefährlichen Demagogen werden wie Hitler, und wenn nicht, was unterscheidet dann die einen von den anderen.

Ich denke, ein Beispiel dafür, dass nicht alle ungerecht behandelten Menschen, die sich dann erfolgreich emporgearbeitet haben, zu Demagogen wie Hitler werden, dürfte Jesus sein. Obwohl Josef sich zu ihm bekannte als sein Vater, betrachtete ihn sein Dorf als „Mamzer", d.h. als jemanden von unklarer Herkunft, und schloss ihn als Heranwachsenden von den Gemeindeversammlungen im Unterschied zu seinen Brüdern aus. Bei Johannes dem Täufer stieg er in dessen Gemeinschaft aufgrund seiner besonderen Fähigkeiten auf und übernahm nach dem Märtyrer-Tod von Johannes die Führung einer größeren Gruppe von dessen Anhängern. Auf-

grund seiner Redegewandtheit konnte er sich ähnlich gut gegenüber Autoritäten durchsetzen wie Demagogen unserer Zeit. Aber er
distanzierte sich von jeglicher Gewalt, nach dem Motto, lieber Un-
gerechtigkeit ertragen als selbst ungerecht zu sein, und er schloss
andere nicht aus wie heutige Demagogen, sondern wollte alle Menschen erreichen, beschränkte sich noch nicht einmal auf die Israeli-
ten. Am Beispiel von Jesus lässt sich auch ein, wie ich glaube, wichtiger Unterschied zu Hitler erkennen, der vermutlich auch allgemein den Unterschied ausmacht, wer Volksverführer wird und den
Hass schürt, und wer nicht. Beide Eltern standen hinter Jesus, Hitler
dagegen wurde von seinem Vater brutal misshandelt und seine
Mutter fand das Verhalten seines Vaters zwar nicht gut, traute sich
aber nicht, sich gegen ihn zu stellen. Dies entspricht auch der These
von Alice Miller, dass Menschen schlechte Behandlungen, die sie
als Kinder ertragen mussten, dann nicht an eigene Kinder weiterge-
ben (z.B. Prügeln), wenn es mindestens einen Zeugen gab in deren
Kindheit, der diesen Menschen schon direkt in der Kindheit vermittelte, dass die schlechte Behandlung auch wirklich schlecht war
(Miller, 1991, S. 133 z.B.). Kinder nehmen nämlich in der Regel an,
dass alles was ihre Eltern tun, richtig sein muss, auch wenn sie darunter leiden.

Beim Thema Wahrheit geht es vor allem um die beiden
Probleme der zu großen Gewissheit und der zu großen Zweifel, insbesondere der zu großen Selbstgewissheit und der zu großen
Selbstzweifel. Da sich, wie in der Fußnote 21 erwähnt, die drei Daseinsmodalitäten in einem absolut dialektischen Verhältnis befinden, gilt dies auch für Ehrlichkeit, Vertrauen und Wahrheit, die ja
diesen Modalitäten zugeordnet werden können, d.h. die Probleme
bei Ehrlichkeit und Vertrauen vermitteln die bei Wahrheit, und die
Probleme beim Thema Wahrheit vermitteln zwischen denen beiden Themen Ehrlichkeit und Vertrauen.

10. Existenzialismus oder Sinn und Grund eines Furzes

Philosophie bedeutet ja Liebe zur Weisheit und ihre grundlegende Frage ist die nach dem Sein. Diese Frage hat allerdings nur dann einen Sinn, wenn auch das Sein einen Sinn hat, sodass die grundlegende Annahme von jeder Philosophie die ist, dass das Sein einen Sinn hat, insbesondere auch unser menschliches Dasein, das Hauptthema des Existenzialismus. Manche Philosophen definieren einen relativ konkreten Sinn wie z.B. Aristoteles als glückliches bzw. geglücktes Leben durch entsprechende Tugendhaftigkeit (Aristoteles, 1985). Heidegger postuliert dagegen nur, dass es Sinn gibt, auch wenn dieser zunächst und zumeist verborgen ist und man ihn erst einmal entbergen muss. Dabei kommt dem Phänomen in einem ausgezeichneten Sinn eine entscheidende Rolle zu: Phänomen in einem ausgezeichneten Sinn bedeutet nach Heidegger, dass sich hier etwas sehr indirekt meldet, nämlich „solches, was sich zunächst und zumeist gerade nicht zeigt, was gegenüber dem, was sich zunächst und zumeist zeigt, verborgen ist, aber zugleich etwas ist, was wesenhaft zu dem, was sich zunächst und zumeist zeigt, gehört, so zwar, dass es seinen Sinn und Grund ausmacht" (Heidegger, 2006, S. 35).

Indem dann auf uns Menschen bezogen nur das eigentliche Dasein Sinn und Grund ausmacht, präsentiert Heidegger hier ein utopisches Ziel, das zwar im menschlichen Dasein bezeugt sei, dem man sich immer mehr nähern kann, aber ob man es je erreichen kann, bleibt offen. Auch die von Rentsch umformulierte Grundfrage »Wie ist eine menschliche Welt überhaupt möglich?« (Rentsch, 1999, S. 61) impliziert ein utopisches Ziel, dessen Erreichbarkeit in Frage gestellt ist. In beiden Fällen lässt sich darauf nur mit Konfuzius antworten: "Der Weg ist das Ziel." Wenn unser Dasein einen Sinn hat, wenn wir uns das nicht nur einbilden, dann kann dieses Dasein nur dadurch gerettet oder „heil" werden, wenn wir seinen Sinn erfüllen. Die Frage der praktischen Philosophie, was wir tun sollen, kann nur so beantwortet werden: Wir sollen den Sinn unseres Seins und des Seins überhaupt erfüllen. Nur dadurch kann unser Dasein gerettet werden und dann „heil" sein. Insofern ist jede Philosophie – und damit auch der Existenzialismus – eine Heilslehre und damit eine Religion im allgemeinen Sinn.

Wodurch wird denn überhaupt die Seinsfrage bzw. die Frage nach dem Sinn unseres Daseins aufgeworfen? Wieso wollen wir überhaupt etwas erfüllen, von dem wir eigentlich keine Ahnung haben, sondern nur spekulieren können? Hier kommt vom Existenzialismus eine sehr einleuchtende Antwort: Diese Frage kommt dann auf, wenn wir uns unserer Sterblichkeit bewusstwerden, denn mit der Bewusstheit unseres sicheren Todes, auch wenn der Zeitpunkt ungewiss ist, stellt sich die Frage nach dem Sinn unseres Daseins. Wird nicht unser ganzes Leben sinnlos durch unseren Tod? Ist das wirklich alles, dass wir qualvoll geboren werden, uns mehr oder weniger mühsam durchs Leben schlagen, um dann für immer zu gehen und zu sterben? Wenn dagegen unser Dasein einen Sinn hat, dann sind wir irgendwie gerettet, dann macht unser Dasein oder Nicht-Dasein einen Unterschied. Unser Dasein bekommt nur durch einen solchen Unterschied eine Bedeutung, und zwar unser Dasein (1) als Individuum, (2) als Teil der menschlichen Gemeinschaft und (3) als handelndes Wesen in bestimmten Positionen und Rollen, in denen es uns möglich ist, etwas zu initiieren. Letzteres bezeichnet Hannah Arendt als unsere Nativität (Arendt, Vita activa oder Vom tätigen Leben, 1967). Jedes Mal, wenn wir in eine Situation[22] geworfen werden, wie Heidegger sich ausdrückt, ist dies gleichzeitig auch eine Initiation, in der sich unsere Nativität zeigt.

---

[22] Eine Situation ist ein raumzeitlich bezüglich eines Zieles bzw. eines Worumwillens begriffener Zusammenhang, in dem ein Lebewesen innerhalb bestimmter räumlicher und zeitlicher Grenzen bzw. Horizonte materielle Gegensätze unterscheiden bzw. wahrnehmen, Aussichten beurteilen (was auf es zukommen kann) und praktische Zusammenhänge sowohl induktiv als auch deduktiv, als auch conduktiv schlussfolgernd sich erschließen kann, wo etwas im Allgemeinen herkommt, wo etwas im Speziellen hinführen und womit man im Einzelnen zusammengeführt werden kann.

Zurückgehend auf Heidegger stellt sich die Frage, was denn z.B. ein Phänomen in einem ausgezeichneten Sinn ist, oder ganz konkret: Verbirgt sich z.B. hinter einem Furz ein solches Phänomen? Was zeigt sich hier zumeist und zunächst gerade nicht, was ist da verborgen und macht Sinn und Grund eines Furzes aus? Zunächst und zumeist lässt ein Furz auf Darmtätigkeit und Nahrungsverwertung schließen und damit auf Lebenserhaltung. Insofern also ist die Lebenserhaltung ein Phänomen in einem ausgezeichneten Sinn, welches sich gerade nicht zeigt, was gegenüber dem, was sich zeigt, nämlich dem Furz, verborgen ist, aber zugleich etwas ist, was wesenhaft zum Furz gehört, seinen Sinn und Grund ausmacht. Nachdem wir nun das Phänomen der Lebenserhaltung entdeckt haben, können wir entsprechend weiterfragen: Was verbirgt sich hinter dem Phänomen der Lebenserhaltung? Was macht Sinn und Grund der Lebenserhaltung und damit auch eines jeden Furzes aus? Unser menschliches Dasein, und dahinter nach Heidegger dessen Eigentlichkeit oder nach Aristoteles ein tugendhaftes Leben oder nach meiner Daseinsanalyse (Kolb, 2017a) die vollkommene Liebe bzw. die Entwicklung unserer Liebesfähigkeit. Was sich so alles hinter einem Furz verbirgt und seinen Sinn und Grund ausmacht!

Alles Denken und Überlegen beruht immer auf bestimmten Annahmen und Voraussetzungen. In der Mathematik hat man ein System von Axiomen und beweist mit logischen Schlüssen, die ebenfalls vorher festgelegt sein müssen (die sog. Konstruktive Mathematik verbietet Existenzbeweise durch Widerspruch und verlangt Konstruktionen), eine Theorie bestehend aus Hilfssätzen, Sätzen und Theoremen. Oft sind wir uns unserer Annahmen nicht bewusst, und hier hat sich die Philosophie die Aufgabe gestellt, mithilfe von Fragen möglichst alle Annahmen explizit zu machen. Auf diese Weise können Meinungsverschiedenheiten so sachlich wie möglich ausgetragen werden und ineffektive Streitigkeiten vermieden werden. Manche Fragen oder Meinungsverschiedenheiten lassen sich nicht lösen oder beantworten, und wir müssen wie Sokrates feststellen, dass wir da nur wissen, dass wir nichts wissen. Und selbst wenn wir uns für eine Meinung oder Antwort willkürlich entscheiden und dies zum Axiom bzw. zu einer Annahme machen, wird es immer noch unendlich viele nicht beantwortbare Fragen und nicht entscheidbare Meinungsverschiedenheiten geben. Das ist jedenfalls das Ergebnis der Gödelschen Unvollständigkeitssätze: noch nicht einmal bei den natürlichen Zahlen können wir ein endliches Axiomensystem finden, sodass alle möglichen Sätze bewiesen oder widerlegt werden können.

Bei meinem Beispiel aus dem vorletzten Absatz bestanden die Vorannahmen darin, dass bei der Nahrungsverwertung in unseren Därmen Gase entstehen, die nach außen drängen und früher oder später aus dem Darm austreten. Weiterhin die Annahme, dass wir zum Überleben die Nahrung verwerten müssen oder wir verhungern. Das ist Lebenserhaltung, ohne die wir nicht mehr existieren oder als lebendige Menschen da sind. Das ist eben eine Grundlage unseres menschlichen Daseins. Die weiteren Annahmen von Heidegger, Aristoteles und mir können in der entsprechenden Literatur nachvollzogen werden. Sobald wir all diesen Annahmen zustimmen, ergibt sich logisch, dass die Eigentlichkeit unseres Daseins bzw. ein tugendhaftes Leben bzw. die Entwicklung unserer Liebesfähigkeit sich hinter jedem Furz verbirgt und dessen Sinn und Grund ausmacht. Und jetzt frage ich mich: Sind Philosophie und der Existenzialismus nicht auch lustig und humorvoll?

11. Gedanken zur Philosophie

11.1. Denken

Denken habe ich schon beschrieben als Unterredung zwischen verschiedenen eigenen Gedächtnisarten, Formen des emotionalen Gedächtnisses und des biografischen (Kolb, 2017e, S. 63 ff.). Dabei kann das Denken einmal auf dem von mir sogenannten Kreis des klugen Handelns sich abspielen (Kolb, 2017c) und so dem klugen Erreichen von Zielen dienen, oder diesen Kreis reflektieren (Kreis des weisen bzw. verantwortungsvollen Handelns, ebenda), indem die Ziele und Strategien/Taktiken einschließlich ihrer Motivation (von was wir ergriffen waren und was uns so bewegte) und der mit ihnen verknüpften Erwartungen hinterfragt werden. Letzteres könnte man auch „bedenken" nennen statt „denken". Hannah Arendt bezeichnet dieses Bedenken als „Denken im nichtkognitiven, nichtspezialisierten Sinne, als ein natürliches Bedürfnis des menschlichen Lebens" (Arendt, 1998, S. 190). Es „ist kein Vorrecht der wenigen, sondern eine stets bereitliegende Fähigkeit jedes Menschen" (ebenda). Ohne diese Art des Denkens sind wir nur intelligente Tiere, und nur mit solchem Denken kann unser Leben sinnvoll und menschlich sein. Es befähigt uns zu eigenem Urteilen, weitgehend unabhängig von dem, was alle anderen meinen, indem wir einen neutralen Standpunkt einnehmen und wir können es als Last empfinden und vielleicht sogar abschütteln bzw. verdrängen, was früher oder später zu psychischen Störungen führt, oder als Herausforderung annehmen, unsere Liebesfähigkeit immer weiterzuentwickeln. Will man dies ebenfalls als produktiv bezeichnen, so ist nicht nur das kluge, kognitive Denken produktiv. Das reflektierende Denken produziert nur nichts von und in dieser Welt, da die vollkommene Liebe, das Ziel einer solchen Entwicklung, nicht von dieser Welt ist (Kolb, 2017a).

Ohne selbstverantwortliches Denken wären wir Banausen im ursprünglichen Sinn des Wortes, wie der „Banaos", der altgriechische Handwerker, der nur auf Auftrag hin produziert, sich kein eigenes Urteil erlaubt, ob das, was er macht, sinnvoll, schön oder nützlich ist, und der hinter seinem „Banos", seinem Ofen nicht hervorkommt. Wer nur nach einer festgelegten Ideologie handelt wie die Nazis oder die eingefleischten Kommunisten, führt das banale Leben eines Banausen und kann dafür verantwortlich sein, dass etwas unmenschlich Böses geschieht. Dies meinte Hannah Arendt, als sie von der Banalität des Bösen sprach im Zusammenhang mit dem sogenannten Eichmann-Prozess. Die sich weigern, über ihre Handlungen nachzudenken, sind böse Menschen, denen niemand verzeihen und die auch niemand bestrafen kann, da sie ihren Geist getötet und sich selbst dadurch entmenschlicht haben. Sie sind keine richtigen Menschen mehr und sollten in Sicherheitsverwahrung gegeben werden, damit sie keinen Schaden mehr anrichten. Sollten sie sich irgendwann doch dazu entschließen nachzudenken, was sie getan haben, dann kann neu mit ihnen verhandelt werden.

Beim Denken sind wir prinzipiell allein (nicht einsam, sondern mit uns selbst zusammen), aber nicht nur mit uns selbst beschäftigt, sondern mit allem, was wir uns vorstellen können, insbesondere mit allen in unserer Gemeinschaft, auf die wir uns gerade besinnen, und mit allen Möglichkeiten unseres Seinkönnens, die wir uns gerade vorstellen können. In diesem prinzipiellen Alleinsein sind wir wie in einer anderen Welt, sodass man wie indische Denker auf den Verdacht (ein Denken über das Denken) kommen kann, die Wirklichkeit sei nicht wirklich, sondern nur ein Traum. Wir können uns im Alleinsein also in unseren Gedanken verlieren.

Einerseits beschäftigen wir uns mit der Vergangenheit (Denken und Gedächtnis von „gedacht" sind wortverwandt), versuchen aber dabei, bildlich gesprochen den Dingen auf den Grund zu gehen, um uns von dort „abzustoßen" in die Höhe von Vorstellungen über die Zukunft, wir bewegen uns dabei innerhalb zeitlicher Horizonte. Dieses Auf-den-Grund-Gehen kann manchmal länger dauern, sodass wir tief in Gedanken versunken sind.

Bei alldem gibt es keinen Ort des Denkens, Denken ist einerseits dialogisch, um zu erkennen, aber die Gesprächspartner befinden sich nirgendwo außer in der Vorstellung, und das ist kein Ort, andererseits ist es abstrakt-beurteilend und damit auch ortsunabhängig, und schließlich ist es analytisch-schlussfolgernd, und die entsprechende Logik ist ebenfalls an keinen Ort gebunden. In dieser Raumlosigkeit kann sich das Denken schnell verlieren und wird für unser Handeln unbrauchbar. Wenn solches „unhandliches" Denken sprachlich ausgedrückt wird, ist es nicht mehr allgemein verständlich, da dieses ausgedrückte Denken sich dem allgemein üblichen Sprachgebrauch widersetzt. Hier setzt die Kritik Wittgensteins an der Philosophie an, dass sie beim Denken sich nicht an den üblichen Gebrauch der Sprache halte und so selbstgemachte Probleme erzeuge oder, wie andere behaupten, sogenannte Kategorienfehler begehe. Indem ein von Philosophen konstruiertes Wort wie z.B. das „Nichts" wie ein normales Nomen behandelt wird, also in die Kategorie der Nomina gesteckt wird, können ihm Attribute zugeordnet oder Handlungen unterstellt werden, die prinzipiell sinnlos sind. Wenn uns das „Nichts" ängstigt, was ängstigt uns dann? Nichts? In seinem Alleinsein entwickelt der Denkende auf diese Weise eine Art Privatsprache, die laut Wittgensteins sogenanntem Privatsprachenargument (Wittgenstein, 2001) niemand versteht, nicht einmal der Betreffende selbst, denn es gibt keine Kriterien, anhand derer er überprüfen kann, ob er sich selbst in seinem Denken versteht oder nicht. Damit riskiert der Philosoph, dass er der Lächerlichkeit preisgegeben wird.

In der Raumlosigkeit hat sich der Philosoph sowohl dem wirklichen Leben als auch dem wirklichen Sterben und Tod entzogen. Der Tod, der in seiner Zerstörung des Lebens das größte Übel darstellt, kann im Denken des Philosophen das Leben retten. Er macht die Vergangenheit, worauf sich das Denken ja stets konzentriert (s.o.), zu etwas Besonderem und Wertvollen und errettet sie so aus der Bedeutungslosigkeit. Es sind aber nur bestimmte Geschehnisse aus der Vergangenheit bedeutungsvoll, nämlich diejenigen, aus denen wir etwas lernen können, entweder, dass derartig Schlimmes sich niemals wiederholen sollte oder, dass es uns so gut gefällt, dass wir zumindest etwas Ähnliches anstreben wollen. Dann kann die Bewusstheit des Todes unser Leben tatsächlich retten.

Wie sieht es nun mit der Zeit aus, wenn wir denken? Die Basis allen Denkens sind die im Gedächtnis abgespeicherten Auskünfte, die wir beim Auskommen mit der Welt dort abgelegt haben. Diese Auskünfte sind zeitlich „verortet", sodass die Zeit eine räumliche Struktur erhält: wir bewegen uns innerhalb der zeitlichen Horizonte der Vergangenheit, der Zukunft und der Gegenwart. Voll und ganz in der Gegenwart aufzugehen oder zu versinken, ist für viele Meditierende ein Ziel. Hannah Arendt bezeichnet die Gegenwart, „jenes geheimnisvolle und schlüpfrige Jetzt", als „eine Lücke in der Zeit" (Arendt, 1998, S. 204) bzw. als eine „Lücke zwischen Vergangenheit und Zukunft" (ebenda, S. 201). Das denkende Ich dehnt diese Lücke, bildlich gesprochen, immer mehr aus, erweitert sie durch seine Gedanken*gänge*, die, wenn sie sich auf das Unendliche bzw. das Transzendente ausrichten, aus der Lücke „die Ruhe im Zentrum des Sturms" erschaffen „in der von der Zeit bedrängten, umhergeschleuderten Existenz des Menschen" (ebenda, S. 205), auf den *seine* Vergangenheit zielt mit der Aufforderung: „Bedenke, was du aus deiner bisherigen Lebenszeit gemacht hast!", und auf den *seine* Zukunft zielt mit der Frage: „Was willst du aus deiner verbleibenden Lebenszeit noch machen?".

Auch in der Quantenphysik erhält die Zeit, indem sie mithilfe der komplexen Zahlen räumlich aufgespannt wird, um eine Superposition mehrerer Möglichkeiten theoretisch zu erfassen, eine räumliche Struktur. Bei der entsprechenden quantenphysikalischen Zustandsgleichung (Schrödingergleichung) entspricht dann der Hamiltonoperator des Systems der wirklichen bzw. wirksamen Zeitentwicklung, also dem, was gewesen ist bzw. woher ein Zustand kommt (Herkunft, Vergangenheit), und die partielle Ableitung nach der Zeit multipliziert mit der negativen imaginären Einheit dem, was aus der Zukunft für Möglichkeiten (imaginär!) auf uns zukommen können. Indem beides in der Schrödingergleichung gleichgesetzt wird, hat man eine notwendige Bedingung für den Zustand, in dem man gerade ankommt (Ankunft, Gegenwart), nämlich dort, wo Vergangenheit und Zukunft aufeinandertreffen und gleich sind. In dieser Gleichheit lebt der Mensch, und die Auskunft über diesen Zustand wird erst dann für uns wirklich erfassbar und konkret, wenn wir die Herkunft (affektiv) begriffen – das ist ein seelischer Vorgang – und aufgrund des Verständnisses der Herkunft (unserer Empfindungen, wir verstehen, was uns zu was veranlasst hat) – das ist ein geistiger Vorgang – die zukünftigen Möglichkeiten abschätzen können. Erst dieses Verständnis lässt uns die Wahrheit unseres Zustands zumindest annähernd erkennen. Die Wahrheit ist ja das Ziel des Verstandes. Wenn unsere Vernunft dann urteilt, dass alles vernünftig ist und Sinn macht, sind wir erst einmal zufrieden.

Dann aber kommt die Zukunft und beunruhigt uns mit der Frage, was wir noch wollen, in der implizit auch die Frage enthalten ist, ob und wie frei wir sind. In der Antike war dies keine Frage, da man ein zyklisches Zeitverständnis hatte, sodass man einmal diese Möglichkeit und ein andermal eine andere wählen konnte. So, wie ein Tag auf den anderen folgte und auf die Geburt der Tod und wieder neues Leben in den eigenen Nachkommen, so konnte man nach einem Misserfolg auf eine neue Gelegenheit warten, um es entweder selbst besser oder zumindest anders zu machen oder dies seinen Nachkommen zu überlassen. Erst durch das Christentum, das mit seinem Erlösungsglauben den Kreuzestod Christi nicht mehr als ewige Wiederkehr von Tod und Vernichtung hinnehmen wollte nach dem Motto: „Stirbt der eine Prophet, kommt der nächste", sondern dies als Skandal betrachtete, veränderte sich die Zeitauffassung in eine geradlinige und forderte die Menschen damit auf, in der Nachfolge Christi ihre Freiheit und damit das wahre Leben mit Gottes Hilfe bzw. Gnade zu gewinnen. Folgerichtig heißt es daher auch in der Weihnachtsbotschaft: „Friede den Menschen, die guten Willens sind." Nicht mit der Vernunft allein, sondern erst zusammen mit dem guten Willen kehrt allmählich Frieden und Freiheit ein, bei dem im utopischen Grenzfall der vollkommenen Liebe jegliches Handeln aus Liebe und ohne Zwang geschehen würde.

11.2.   Zeitverständnis und freier Wille

Seitdem gibt es in der Philosophie die eine Position, die von einem zyklischen Zeitverständnis ausgehen, in dem es keinen Platz für einen freien Willen gibt außer als Illusion, und die andere mit einer geradlinigen Zeitvorstellung, die Leben und Sein mit dem freien Willen verbindet und der Aussage zustimmen würde: „Ich will, also bin ich." Gegner des freien Willens argumentieren meist mit dem Bewusstsein und dessen Regungen, die immer durch etwas bestimmt seien, z.B. – und das ist ihr Hauptargument – durch sinnlose Zufälle. Menschen seien Spielball des Zufalls. Dann gäbe es allerdings auch kein freies Denken, und das Denken der Gegner des freien Willens unterläge auch einem Zwang, und wenn es nur der wäre, zufällig gegen die Freiheit des Willens sein zu müssen. Den Befürwortern des freien Willens ist entgegenzuhalten, dass sie in Gefahr sind, einem blinden Fortschrittsglauben zu verfallen, als ob der „freie Wille" prinzipiell gut sei.

Bei diesen beiden Extrempositionen liegt ein prinzipieller Denkfehler zugrunde, den meines Erachtens erst Kant erkannt hatte. Der absolut freie Wille, die total freie Wahl, eine Handlung zu tun oder zu lassen, ist eine Utopie genauso wie das chinesische Wu-wei, das Handeln ohne irgendeinen Zwang, aber man kann sich dieser Utopie annähern. Kant drückte dies so aus, dass man Freiheit weder beweisen noch widerlegen kann. Nur der gute Wille lässt uns immer mehr Frieden und Freiheit erreichen. Entsprechend meinte Kant, dass nur eine Ethik auf der Basis der praktischen Vernunft Freiheit ermögliche. Heideggers Entschlossenheit zum eigentlichen Dasein, um dem Verfallen zu entgehen, geht meiner Meinung nach in dieselbe Richtung, und Nietzsches Übermensch hat das eigentliche Dasein erreicht, er will und kann, während im Verfallen der Mensch zwar will, aber nicht kann.

Psychologisch betrachtet wird hinter dem Konflikt um das Thema des Willens und dem damit verbundenen Problem der Freiheit der sogenannte Beobachter-Handelnde-Effekt [23] erkennbar: ein Handelnder sieht vergangene Handlungen eher durch bestimmte Erfordernisse bestimmt, wenn er jedoch etwas für die Zukunft plant, hält er sich eher für frei und selbstbestimmt. Ein Beobachter dagegen meint, der Handelnde sei für vergangene Handlungen verantwortlich, hätte nichts oder etwas anderes tun können, sei also frei gewesen (Nietzsche argumentierte, der freie Wille sei dazu da, andere bestrafen zu können), während er zukünftige Pläne eher durch Notwendigkeiten verursacht sieht, d.h. also zukünftige Handlungen eher als erforderlich oder sogar notwendig ansieht. Wenn man so will, kann man sagen, der Handelnde selbst stellt sich eher positiv dar, was ein bekanntes Phänomen ist, während der Beobachter ihn eher kritisch sieht. Insofern könnte man pointiert behaupten, die Philosophen neigten dazu, oberlehrerhaft zu sein oder die Menschen von ihrem hohen Ross herunterzuholen. Nur den moralisch gefestigten und vernünftigen Personen konnte Kant wenigstens die Möglichkeit der Freiheit zugestehen. Doch noch einmal zurück zum Denken.

11.3.   Das Subversive des Denkens

Im abstrakt-beurteilenden Denken, welches dem Daseinsmodus des Individuums entspricht (Kolb, 2017e, S. 63 ff.), kann man etwas Subversives entdecken: einerseits können Vorurteile dadurch beseitigt werden, andererseits neue aufgebaut werden. Indem Marx Hegels Theorie auf den Kopf stellte, konnten bestimmte Fehler korrigiert werden, dafür aber wurden neue erzeugt. Das Materielle bestimmt zwar das Denken und die Moral („Ein voller Bauch studiert nicht gern", „Erst kommt das Fressen, dann

---

[23] Üblicherweise versteht man darunter, dass ein Beobachter den Handlungen eines anderen gewöhnlich dessen Eigenschaften oder Dispositionen als Ursachen unterstellt, während der Handelnde selbst die situativen Umstände meist als verursachend darstellt.

kommt die Moral"), aber unsere Gedanken können auch unseren körperlichen Zustand z.B. bestimmen, etwa bei psychosomatischen Erkrankungen. Wenn man einmal zu denken angefangen hat, darf man nicht mehr damit aufhören und an eine Ideologie glauben. Heidegger forderte deswegen die Bereitschaft, jederzeit entschlossen seine Entschlossenheit zurückzunehmen (Heidegger, 2006). Allgemeine Urteile sind in der Regel zu 50 % falsch. Auch in der Sprache gibt es keine Universalia, es gibt keine universellen Bedeutungen von Wörtern, ihre Bedeutung ist ihr Gebrauch je nach Sprachspiel (Wittgenstein, 2001).

Auch das analytisch-schlussfolgernde Denken (Modus der Spezies, (Kolb, 2017e, S. 63 ff.)) ist subversiv: es verbessert oder erneuert alte Praktiken bzw. Techniken, und auch hier muss man immer am Ball bleiben, denn jede Erfindung von heute kann morgen schon veraltet sein, weil es eine bessere gibt. Entsprechendes gilt schließlich ebenfalls für das dialogisch-erkennende Denken, weil es immer wieder neue Erkenntnisse geben kann, die die alten ersetzen. Wegen der subversiven Eigenart allen Denkens wurde Sokrates zum Tode verurteilt. Das Subversive des Denkens ist sogar für das Denken selbst subversiv und fordert auf, mit dem Denken niemals aufzuhören.

Wenn Hannah Arendt Denken, Arbeiten und Leben in Beziehung setzt (Arendt, 2017, S. 35 f.), so sehe ich darin eine Parallele zu den drei Daseinsmodalitäten, die ich von Tanabe (Tanabe, 2011) übernommen habe (Kolb, 2017a), nämlich Individuum, Spezies und Genus, wobei jeder nur in Gemeinschaften (Modus des Genus) leben, in bestimmten Positionen und Rollen aufgrund bestimmter Fähigkeiten und Fertigkeiten (Modus der Spezies) arbeiten und als Einzelwesen (Modus des Individuums) denken kann. Indem wir unsere Liebesfähigkeit immer weiterentwickeln, indem wir uns sowohl auf dem Kreis des klugen Handelns (s.o.) und diesen reflektierend auf dem Kreis des verantwortungsvollen und weisen Handelns bewegen, kreieren und gestalten (beim klugen Denken und Handeln) und benutzen wir die Welt (beim weisen Denken, wenn wir die Ziele des klugen, Welt kreierenden Denkens und Handelns hin-

terfragen), um uns immer mehr der vollkommenen Liebe zu nähern, die nicht von dieser Welt ist (Kolb, 2017a). Beim Benutzen
sind wir gewissermaßen welt-feindlich, wir stellen zumindest die
Welt zunehmend in Frage, je weiser und verantwortungsvoller wir
denken. Der Weise (griechisch Sophos) ist in diesem Sinne anti-po-
litisch, der Philosoph dagegen gibt seine Weisheit preis (Arendt,
2017, S. 36), indem er sein Denken veröffentlicht. Damit bewegt er
sich bildlich gesprochen auf dem Kreis des klugen Handelns, d.h. er
verfolgt Ziele bzw. hat Absichten, und lässt auf diese Weise Welt
entstehen (ebenda). Die vollkommene Weisheit bzw. das vollkommene Verstehen des Worumwillens unseres Daseins, die vollkommene Liebe (Kolb, 2017a), ist echt und unmittelbar (ebenda).
Würde dies ausgedrückt, verlöre es seine Unmittelbarkeit und wäre
nicht mehr vollkommen. Denn beim sprachlichen Ausdruck müssten Metaphern als Ausdrucksmittel benutzt werden, sodass die Unmittelbarkeit nicht mehr gegeben ist. Dies zeigt auf andere Weise
den Unterschied zwischen dem Weisen und dem Philosophen und
entspricht damit dem Anfang des chinesischen Tao-te-king, dass
eine Wahrheit, ein Tao, das ausgedrückt wird, keine Wahrheit bzw.
Tao mehr ist.

Wenn jemand, um eine Parallele zu den Ausführungen des
vorigen Abschnitts zu ziehen, im Modus der Spezies arbeitete bzw.
handelte und die vollkommene Liebe erreicht hätte, dann wäre er
oder sie mit allen vollkommen gleich und frei (ebenda). Im Gegensatz dazu ist der Sklave weder frei noch gleich, und so etwas wäre
in der abendländischen Kultur ungerecht. Wie Hannah Arendt fest-
stellt, „haben die Griechen in der Sklaverei die Gerechtigkeit der
Welt geopfert. Und in der von ihnen errichteten Welt leben wir in
gewissem Sinne noch heute" (Arendt, 2017, S. 36).

Im Modus des Genus als Gemeinschaftswesen gleicher Art
hätten wir im Idealfall der vollkommenen Liebe ein Auskommen
mit anderen in vollkommener kommunikativer Solidarität (Kolb,
2017c). Im Gegensatz dazu können Politiker dauerhaft weder solidarisch mit den anderen sein, wenn sie z.B. unpopuläre Entscheidungen treffen müssen, und die Kommunikation ist ebenfalls eingeschränkt, weil sie bestimmte Dinge geheim halten müssen. Wie

Philosophen handeln Politiker höchstens klug, aber niemals weise. Extrem wird es für Philosophen, wenn sie versuchen, Politiker dazu zu bringen, dass sie weise handeln. Das ging schon bei den Griechen schief, als Plato den Tyrannen von Syrakus zu bekehren versuchte, und Heidegger beging im Grunde im dritten Reich einen ähnlichen Fehler, als er sich den Nazis gewissermaßen anbiederte. Erst nach etwa zehn Monaten erkannte er seinen Fehler.

11.4.   Das Problem des Willens

Schon Aristoteles beschrieb den Menschen als ein Wesen, bei dem sich Denken und Begehren kreuzen als denkendes Begehren und begehrendes Denken (Aristoteles, 1985, S. 132, 1139b, 5). Heidegger fasste dies in „Sein und Zeit" als Sorge zusammen, dass das Dasein von seinem Wesen her Sorge sei (Heidegger, 2006, S. 191 ff.). Das Problem beim Begehren ist, dass es sich auf verschiedene Ziele richten kann, die nicht immer miteinander vereinbar sind. Entsprechend gibt es beim Denken auch widersprüchliche Gedanken, und wir können nicht immer klar unterscheiden, welche Gedanken zu verwerfen sind. Bei jedem Ziel können Zweifel aufkommen, ob wir es verfolgen sollten, und bei jedem Gedanken, ob er angemessen, richtig, logisch oder auch überhaupt bedenkenswert oder zu verabscheuen ist. Während die Begriffe „Begehren" und „Denken" und auch deren Zusammenfassung als „ursprüngliche Strukturganzheit" (ebenda, S. 193), die „Sorge" von Heidegger, oder meine Differenzierung der „Sorge" in „Ergriffenheit" und „Erwartung" (Kolb, 2017a) sich relativ problemlos handhaben lassen, erweist sich der Begriff des „Willens" als äußerst widerspenstig, weswegen Heidegger nur die Entschlossenheit und nicht den Willen verwendete.

Während man bei den erstgenannten Begriffen klarer unterscheiden kann, ob sie einen motivationalen Vorgang beschreiben, wobei einem etwas begegnet, was einen motiviert, oder einen geistigen, wenn man sich etwas vorstellt, und wenn beides wie bei der Sorge, dann doch in eindeutiger Richtung mit klarem Sinn, so finden wir beim Willen manchmal Motivationales und Geistig-Vor-gestelltes in einer eigenartigen Verschränkung und Widersprüch-lichkeit: was uns in der Begegnung mit der Welt bewegt, führt dazu, dass wir etwas wollen, gleichzeitig wollen wir bei der Vorstellung der entsprechenden Mühe oder sonstiger Hindernisse uns gar nicht bewegen und sagen: „Ich kann nicht." Diese Verschränkung oder Trägheit begründen wir nachträglich oft damit, dass wir uns nicht von der Welt beeinflussen lassen wollen, wir wollen Macht über die Welt und nicht, dass die Welt Macht über uns bekommt. Nietzsche nannte dies den Willen zur Macht („Ich kann nicht, aber ich will"), ich nenne es Trägheit, sich mit der Welt entschlossen auseinander-zusetzen, sich voll und ganz auf sie einzulassen. Mit seinen Begrif-fen „Sorge" und „Entschlossenheit" bekundete Heidegger, dass er sich auf die Welt einlassen wollte. Aber statt seine eigentliche Träg-heit zu erkennen – diese Aufgabe stellt sich früher oder später je-dem Menschen – und statt bescheidener die wahren Möglichkeiten des Menschlichen zu erkennen, schloss er sich Menschen an, die sich ebenfalls maßlos überschätzten und den Willen zur absoluten Weltherrschaft hatten, nämlich den Nazis.

„Für Heidegger ist der Wille zum Herrschen eine Art Sün-denfall, dessen er sich selbst schuldig befand" (Arendt, 1998, S. 400 f.). Diese einschneidende Erfahrung brachte ihn dazu, sich mit den Themen von Wahrheit und Humanität genauer auseinanderzuset-zen. In der „Wahrheit des Seins" (Heidegger, 2010) kann die Träg-heit des Daseins erkannt, die „wahre Heimat" in der „Lichtung des Seins des Daseins" (ebenda) gefunden und die Widersprüchlichkeit des Willens in dem, was wirklich Humanität bzw. Menschlichkeit bedeutet, überwunden werden. In meinen Begriffen ausgedrückt, heißt das, je weiter unsere Liebesfähigkeit entwickelt ist, desto mehr ist unsere Trägheit erkannt und die Widersprüchlichkeit des Willens handhabbar, denn es heißt, „wahre Heimat ist da, wo du geliebt wirst", und je mehr wir uns echt und unmittelbar darin ver-stehen, wozu und worum willen wir da sind, (sodass wir diese „Lich-tung des Seins des Daseins" immer mehr erkennen können, da wir insbesondere uns selbst immer mehr lieben), desto vollkommener lieben wir insgesamt (Kolb, 2017a).

Diese Trägheit ist das, was Freuds Unbewusstheit bewirkt und Sartre ein Nicht-Wissen-Wollen nannte. Hier zeigt sich die Widersprüchlichkeit in anderer Form: einerseits will ich alles wissen, andererseits will ich von schlimmen Dingen eigentlich nichts wissen. Bei meiner Erklärung der verschiedenen Arten der Verdrängung (Abspalten, Abwehren und Bewältigen) (Kolb, 2017c, S. 83 ff.) ging es auch um diese Trägheit, ich nannte es dort ein Fehlen von Kraft und Mut: (1) ein Mangel an Vorstellungskraft für die Realität führt dazu, dass wir bei schlimmen Erlebnissen bestimmte Wahrnehmungen abspalten, weil der Affekt dabei zu heftig ist; (2) ein Mangel an Vorstellungskraft für Katastrophen und Ideale (also mögliche Realitäten) bewirkt, dass wir aufgrund zu starker Empfindungen bzw. Selbstbetroffenheit diese abwehren und uns und anderen vormachen, wir hätten alles im Griff, es sei alles in Ordnung; (3) ein Mangel an Kraft und Mut, sich auf die Realität einzulassen und sich entschlossen und aktiv damit auseinanderzusetzen, weil die Gefahr zu versagen und beschämt zu sein zu groß erscheint, sodass wir durch Aktionismus (anderes ist auf einmal viel wichtiger) oder Apathie die Situation bewältigen, aber die Gefühle, was uns erwarten könnte, nicht verarbeiten. Diese drei Arten der Trägheit befinden sich übrigens in einem absolut dialektischen Verhältnis, d.h. je zwei vermitteln die dritte und diese zwischen den beiden.

Die Widersprüchlichkeit des Willens hängt auch mit Folgendem zusammen: unsere fünf Sinne, mit denen wir mit der Welt Kontakt aufnehmen, lassen sich anhand des Gegensatzes subjektiv-objektiv charakterisieren. Der Geschmackssinn ist insofern sehr subjektiv, weil etwas in uns hinein kommen muss in unseren Mund, bevor wir es über diesen Sinneskanal wahrnehmen können. Beim Geruchssinn kann das Wahrzunehmende schon etwas weiter entfernt sein, aber immer noch ziemlich nah, damit seine Ausdünstungen in ausreichender Menge in unsere Nase gelangen können. Beim Tastsinn muss dies nur in Reichweite unserer Arme sein, und beim Hören und Sehen kann man von größeren Entfernungen sprechen, innerhalb derer etwas schon wahrnehmbar ist. Insofern ist der Geschmackssinn sehr subjektiv, niemand anderer kann das im

Mund haben und schmecken, was in meinem Mund ist, und der Gesichtssinn ist insofern sehr objektiv, weil viele andere gleichzeitig mit mir dasselbe sehen können. Die Subjektivität des Geschmackssinns zeigt sich auch in Redewendungen wie „Geschmäcker sind verschieden" oder „De gustibus non disputandum est" („Über Geschmack kann man nicht streiten"). Sogar derselben Person schmeckt nicht immer alles gleich, und manchmal möchte man dies, und manchmal etwas ganz anderes essen. Wenn mir etwas gefällt, dann sage ich auch, dass ich daran Geschmack gefunden habe, und drücke damit aus, dass dieses „Gefallen" subjektiv ist. Andererseits interessiere ich mich auch dafür, wie andere das sehen, d.h. mich interessiert hier etwas Objektives, was mir von anderen „entgegengeworfen" wird (objektiv kommt von lateinisch obicere, entgegenwerfen).

Da wir soziale Wesen sind und daher Angst vor Beschämung haben, wollen wir einerseits das, was uns gefällt, wir wollen aber auch anderen gefallen, wenn uns das gefällt. Wenn uns nun etwas gefällt, wenn wir etwas geschmacklich gut oder schön finden, was andere verurteilen, deren Meinung uns wichtig ist, kostet es uns Kraft zu entscheiden, ob wir das anstreben, was uns gefällt, oder ob wir darauf verzichten, um diesen anderen zu gefallen. Diese Urteilskraft ist die Vorstellungskraft für mögliche Realitäten wie oben unter (2) ausgeführt. Wenn es an ihr mangelt, machen wir uns und/oder anderen etwas vor und wehren unsere Betroffenheit ab. Sich nicht zu schämen, erreichen wir durch einen Kurzschluss, indem wir das, was uns gefällt, heimlich machen. Dies kommt typischerweise bei Suchterkrankungen vor, wenn die betreffende Person sich und anderen gegenüber behauptet, sie habe ihre Sucht im Griff, und dann doch wieder (zuerst heimlich) rückfällig wird.

Eine Form der „Bewältigung", eine Art der Verdrängung wie oben unter (3), ist ein Verstehen, welches nur theoretisch ist, d.h. auf vergangenen Fakten beruht, wie dies häufig bei Philosophen und Historikern vorkommt. Ihr Verständnis ist nicht echt und unmittelbar genug, um aktuelle Probleme praktisch lösen zu können. Hier ein Beispiel aus dem Politischen, das Problem des Totalitarismus: die Betrachtungen früherer totalitärer Regime liefern zwar ein

brauchbares Vorverständnis, dass es in der Bevölkerung eine große
Gruppe sich verlassen fühlender Menschen gab, und dass ein Demagoge oder Populist zuerst deren Aufmerksamkeit auf sich und
von ihm vereinfacht dargestellte Missstände zog (Affektmobilisie-
rung), dann Betroffenheit und damit verbunden negative Empfindungen wie Angst und Wut erzeugte durch Schwarz-Weiß-Malerei
(„Wir sind die Guten, die unter den Missständen leiden müssen,
weil die anderen, die böse Elite, vor der wir Angst haben, und ge-
wissenlose Schmarotzer, die uns wütend machen, uns ausnutzen")
und schließlich sich selbst als jemanden präsentiert, der „einer von
uns Guten" ist und es schon geschafft hat, sich gegen die Ungerechtigkeiten durchzusetzen, sodass er als Held die „Guten und Benachteiligten" retten kann, wenn sie ihm folgen. Letzteres macht dann
positive Gefühle von Hoffnung und Begeisterung für diesen „Helden", die noch dadurch gestärkt werden, dass dieser sich sehr kreativ und mit unfairen Methoden (er bricht z.B. alle Konventionen,
macht dadurch seine Gegner wütend, sodass sie selbst unfair werden, und dann klagt er sie dafür an, was er gerade vorher gemacht
hat) gegen alle durchsetzt. Weil er sachlich zu wenig weiß, wird er
von seinen Gegnern oft nicht ernst genommen, bis es zu spät ist.
Kreative Slogans überzeugen die Unzufriedenen, die ebenfalls nicht
viel Wissen haben, wesentlich mehr als fundierte Sachargumente.
Demagogen verführen sie zum bzw. verstärken bei ihnen den Ver-
drängungsmechanismus des Abspaltens (s.o. (1)), sodass sie sich
mit den Realitäten nicht mehr auseinandersetzen müssen.

Ein verbreiteter Fehler, den die Gegner von Demagogen gemacht haben, ist, dass sie sich nur auf die Unzufriedenen kon-
zentrierten und die schweigende Mehrheit vergaßen. Hannah
Arendt nennt dies die Verwechslung von Volk und Mob (Arendt,
1986, S. 257). Es geht nicht nur darum, Negatives zu beseitigen,
sondern auch darum, Ressourcen zu nutzen, und in der schweigenden Mehrheit gibt es ungenutzte Ressourcen, solange diese Menschen noch schweigen. Je unzufriedener und enttäuschter die sich
deklassierten Menschen fühlen, die Hannah Arendt als Mob bezeichnet (ebenda, S. 247), desto unmöglicher wird es, sie „mit dem
idealistischen Vokabular von Menschenwürde und Menschheit"

(ebenda, S. 501) zu überzeugen, da sie ja verdrängen bzw. abspalten, aber vielleicht lassen sich Teile der schweigenden Mehrheit, sofern sie nicht auch verdrängen, dafür gewinnen, „die Idee der Menschheit" (ebenda) zu tragen und zu ertragen mit der „[politischen] Konsequenz, dass wir in dieser oder jener Weise die Verantwortung für alle von Menschen begangenen Verbrechen, dass die Völker für alle von Völkern begangenen Untaten die Verantwortung werden auf sich nehmen müssen" (ebenda). Wir sind nicht unbedingt für die Situation verantwortlich, in die wir geworfen wurden, aber wir sind dafür verantwortlich, wie wir mit dieser Situation umgehen. Die Verantwortung auf sich zu nehmen, bedeutet, die Untaten dem Täter nicht persönlich übelzunehmen, denn sonst schiebt man ihm die ganze Verantwortung zu, verlangt, dass er handeln soll, und handelt selbst fatalerweise nicht, sondern sie allgemein übelzunehmen, d.h., alles zu tun, um den Schaden zu minimieren und zukünftige Untaten zu verhindern. Zumindest für Christen, die den Auftrag der Nachfolge Jesu annehmen, sollte dies eine Selbstverständlichkeit sein, da er ja auch alle Sünden der Menschheit auf sich genommen und das Verzeihen, nichts persönlich übelzunehmen, gepredigt hat. Passend zu dieser Problematik ist auch ein Aphorismus von Kafka: „Du kannst Dich zurückhalten von den Leiden der Welt, das ist Dir freigestellt und entspricht Deiner Natur, aber vielleicht ist gerade dieses Zurücktreten das einzige Leid, das Du vermeiden könntest." (Aphorismus Nr. 103) Persönliches Übelnehmen ist ein solches Zurücktreten.

Das so aus der Vergangenheit gewonnene Vorverständnis gibt zwar gute Anhaltspunkte, im konkreten Einzelfall muss es aber noch genauere Analysen geben, sowie praktische Erfahrungen über Experimente, wie man nicht nur die Unzufriedenen erreichen, sondern auch die schweigende Mehrheit mobilisieren und alle für effektive Maßnahmen gegen die Missstände gewinnen und von der Gefahr überzeugen kann, die von dem konkreten Populisten ausgeht, d.h. wie man am besten die konkreten Verdrängungen auch bei sich selbst auflösen kann. Das Vorverständnis und die genaueren Analysen finden im Daseinsmodus des Individuums statt und fördern u.a. das eigene Selbstverständnis, was insofern wichtig ist, als dass z.B. die besten Strategien und Taktiken nichts nützen, wenn man sie nicht ausführen kann. Im Modus des Genus und der Spezies geht es um den konkreten Kontakt, nämlich wie man diesen Kontakt am besten sowohl mit der Gruppe unzufriedener Menschen, als auch mit der schweigenden Mehrheit, als auch mit dem Populisten herstellen und wie man dabei gemeinsam mit den tatsächlichen Problemen und Missständen umgehen kann. Beim Kontakt geht es darum, mit allen, auch mit der schweigenden Mehrheit, praktikable Lösungsmöglichkeiten zu entwickeln und die Unzufriedenen davon zu überzeugen, sodass dem Populisten der Wind aus den Segeln genommen ist. Von diesem sollte man sich nicht provozieren lassen, sondern auch ihn immer wieder nach konkreten eigenen Lösungen fragen. Ohne Experimente, ohne konkretes Handeln und ohne Kontakt mit allen Beteiligten kann es keine gute Lösung geben, gut im Sinne des Erreichens von größtmöglicher Leidminderung, denn die konkreten Menschen, die an dem konkreten Problem beteiligt sind mit ihren einzigartigen Aktionen und Reaktionen, kann keine Theorie im Voraus erfassen. Ein auf die oben dargestellte Weise erreichtes Verständnis ist deutlich echter und unmittelbarer als jedes theoretische Vorverständnis, und wenn dadurch auch noch der Sinn unseres Daseins, das, wozu wir da sind, von immer mehr Menschen immer echter und unmittelbarer verstanden wird, nähern wir uns der vollkommenen Liebe. Wir entwickeln ein immer vollkommeneres Selbstverständnis, erreichen mit anderen eine immer vollkommenere kommunikative Solidarität und handeln immer engagierter mit immer weniger Zwang.

11.5.   Politische Philosophie

In der politischen Philosophie, auf die ich nun zu sprechen komme, geht es in hohem Maße um das Thema des Herrschens und Beherrschens, sowohl über bzw. von anderen als auch über und von sich selbst, als auch über und von Begegnendem der Welt. Die

Möglichkeit, etwas zu tun, ist Stärke[24], und wenn diese Stärke im Zwischenmenschlichen präsent ist, dann nennt man dies Macht (von „machen"). Wenn ich über die entsprechende Macht verfüge, kann ich herrschen und beherrschen, indem ich meine Stärke anderen präsentiere und gegebenenfalls demonstriere, was ich männliche Form der Machtausübung genannt habe (Kolb, 2017c, S. 119 ff.), oder meine Macht mit technischem Geschick über sie ausübe, damit sie sich fügen, was ich weibliche Form der Machtausübung genannt habe (ebenda). Dabei präsentiere ich glaubhaft, was in meiner Macht bzw. in meinen Möglichkeiten liegt, d.h. durch meine Stärke möglich ist (männlich), oder ich wende sie vernunftgeleitet an (weiblich). Meine Stärke kann gegenüber natürlich oder weltlich Begegnendem oder auch – als Selbstbeherrschung – gegenüber bestimmten eigenen Strebungen auf Widerstand treffen, es kommt zu einer Art Kampf, bei dem der Widerstand entweder überwunden wird oder nicht. Dabei kommt es auf die Größe meiner Stärke an, die sich einerseits aus meiner individuellen Kraft zusammensetzt, die sich grundlegend im Aufgabenbereich des Arbeitens zeigt, die ich aber auch in allen anderen Bereichen nach Bedarf einsetzen und verbrauchen kann. Andererseits kann ich geschickt zusätzliche Techniken bzw. Gewalt einsetzen und spezifische Mittel gebrauchen bzw. darüber *walten*, die wir Menschen im Daseinsmodus der Spezies beim Herstellen als potentielle Energie oder als Gesetzmäßigkeiten der Natur (auch der menschlichen Natur) mit Gewalt entrissen haben, sodass wir unsere Kraft vervielfachen oder effektivieren können, und drittens kann auch die kommunikative Einflussnahme (Modus des Genus) als persönlicher Einsatz einen Zugewinn an Stärke herbeiführen, indem ich andere für mein Vorhaben gewinne. Diese Einflussnahme kann durch Überzeugen, Überreden oder durch Androhen von Gewalt oder durch entsprechende Kombinationen geschehen. Je öfter eine solche Einflussnahme gelingt, desto eher spricht man von einer respektierten

---

[24] Stärke (schwedisch styrka), stark kommt von starr, stur und ist wortverwandt mit lateinisch stringere (englisch strength), straff anziehen, zusammenbinden, (den Bogen) spannen. Man bindet alle Kräfte und alle Möglichkeiten, etwas zu tun, zusammen, um stark zu sein, um Stärke zu haben.

(überzeugenden), von einer nur geduldeten und hingenommenen
oder von einer gefürchteten Autorität. Statt vom Einzelnen kann
Macht auch von einer Gruppe von Menschen oder von einer Gemeinschaft ausgehen.

Wenn ein einzelner oder eine Gemeinschaft an Macht verliert, also entweder an Kraft, an technischen oder Gewaltmöglichkeiten oder an kommunikativem Einfluss oder Autorität, dann besteht die Versuchung, statt die Probleme in dem betreffenden Bereich zu lösen und die Macht auf diese Weise wiederherzustellen,
einen anderen Bereich auszubauen, und zwar meistens unüberlegt
den ursprünglicheren[25]. Das kann aber im Politischen, also im Zusammenleben der Menschen immer größere Probleme hervorru-
fen. Zwischen verschiedenen Gemeinschaften kann dann der Verlust an kommunikativer Einflussnahme (man fühlt sich z.B. nicht
mehr ernst genommen wie der deutsche Kaiser vor dem Ersten
Weltkrieg) zur Steigerung der Gewaltmöglichkeiten führen (z.B. mi-
litärische Aufrüstung), was sich dann schlimmstenfalls in einem
Krieg entlädt. Nachdem die USA insbesondere durch den Vietnam-
und die beiden Irakkriege immer mehr an Glaubwürdigkeit und
Prestige, also an kommunikativem Einfluss, verloren haben, China
als Konkurrent immer mehr an wirtschaftlicher Macht gewonnen
hat und das Einwanderungsproblem über Mexico für die USA immer belastender geworden ist, haben die Leute dort einen Präsi-
denten gewählt, der die Probleme mit Gewalt lösen will (z.B. Mau-
erbau an der mexikanischen Grenze, Einschränkungen wirtschaftlicher Beziehungen mit China und vermehrte Einfuhrzölle), obwohl
klar ist, dass dadurch nichts gelöst wird, sondern nur Unschuldige
leiden müssen. In Untersuchungen bei amerikanischen Jugendli-
chen hat man Ähnliches festgestellt: je geringer der aktive Wort-

---

[25] Technik und Gewalt ist ursprünglicher als Einflussnahme, da Herstellen
ursprünglicher ist als zwischenmenschliches Handeln, und Kraft ist ursprünglicher als Technik und Gewalt, so wie Arbeiten ursprünglicher als
Herstellen ist (Arendt, 1967). Wenn alles versagt, können wir auch zu Babys regredieren und einfach nur schreien (so beeinflussen uns Babys).

schatz war, desto größer war auch ihre Gewaltbereitschaft. In bestimmten Fällen kann Gewalt als Ersatz von Einfluss sinnvoll sein, z.B. dann, wenn Zeitdruck besteht und eine Notsituation herrscht.

Wenn es nun an Kraft fehlt bzw. diese nicht entschlossen genug eingesetzt wird, dann ist die Lebenserhaltung bzw. bei Gemeinschaften der wirtschaftliche Bereich in Gefahr. Fehlt es dagegen an Gewalt- bzw. technischen Möglichkeiten, kann man sich weder im Verhältnis zu anderen Menschen (Feinden außerhalb, Verbrechern innerhalb der Gemeinschaft) noch zur umgebenden Welt vor Gefahren schützen oder nötige Ressourcen herbeischaffen, und ohne kommunikative Einflussmöglichkeiten entsteht zwischenmenschlich Chaos und es kommt zu Gewalt, Mord und Totschlag oder Krieg. Insofern gilt es, ein ausgewogenes Verhältnis von Kraft, technischen Möglichkeiten und kommunikativem Einfluss herzustellen und aufrechtzuerhalten.

Technische Überlegenheit kann zwar jede kommunikative Einflussnahme besiegen, aber dann verschwindet innerhalb einer solchen Gemeinschaft die Solidarität immer mehr und mit ihr die wirtschaftliche Prosperität. Früher oder später geht diese Gemeinschaft dann zugrunde, ändert sich oder wird von anderen erobert. Auch die kommunikative Einflussnahme kann missbraucht werden bzw. zu negativen Ergebnissen führen, z.B. wenn nicht der oder die Fähigste, sondern die Person mit dem größten kommunikativen Einfluss in eine bestimmte Rolle oder Position kommt.

In der Politik geht es natürlich nicht nur um Macht, das wäre reine Machtpolitik. Man kann z.B. Weltpolitik, Landespolitik und Kommunalpolitik unterscheiden, oder die Politik in Themenbereiche unterteilen wie Innen- und Außenpolitik, Bildungspolitik, Familienpolitik, Finanzpolitik, Umweltpolitik u.ä. Letzteres weist darauf hin, dass es bei diesen verschiedenen Themen um das Ordnen von zwischenmenschlichen Interessen geht, um eventuelle Konflikte so gut und fair wie möglich lösen zu können. Fair oder gut bedeutet hier, dass möglichst viele Beteiligte möglichst oft mit den entsprechenden Konfliktlösungen einverstanden sind. Politik steht hier in einem gewissen Spannungsverhältnis zum Gesellschaftli-

chen bzw. zum konkreten Handeln, bei dem es einerseits um dieselben Interessen gehen kann, bei dem aber andererseits immer
das mit den entsprechenden Interessen verknüpfte Beziehungsge-
füge eine wichtige Rolle spielt. Von daher kann die Politik keine gesellschaftlichen Probleme lösen, sie kann nur einen Rahmen vorge-
ben, Grenzen setzen, moderieren und Schiedsrichter spielen, damit
Menschen ihre Konflikte möglichst gut und fair lösen.

Wenn man die verschiedenen sichtbaren Tätigkeitsberei-
che von uns Menschen betrachtet, das Arbeiten, das Herstellen und
das (zwischen-)menschliche Handeln (Arendt, 1967), so gibt es
beim Arbeiten die Spannung zwischen denen, die Lebensmittel erzeugen, und denen, die sie verwalten, beim Herstellen ist die Spannung die zwischen denen, die Gebrauchsmittel herstellen bzw. daran beteiligt sind, eine künstliche Welt zu kreieren, und denen, die
mit dem Vertrieb und mit entsprechenden Schulungen beschäftigt
sind, und beim Handeln besteht eine Spannung zwischen denen,
die konkret mit anderen Menschen umgehen, wobei jeder bestimmte Interessen verfolgt, und denen, die Politik machen, die
also zwischenmenschliche Interessen ordnen (Kolb, 2017f, S. 60 ff.).

Die Spannungen beim Arbeiten werden durch das Herstellen von Gebrauchsdingen gemindert, die das Arbeiten und Verwalten erleichtern, diejenigen beim Herstellen durch zwischenmenschliches Handeln und Verhandeln, sodass Erfinder sich austauschen und voneinander profitieren können, genauso wie Ver-
kaufspsychologen und pädagogisch-didaktisch Tätige oder Herstel-
ler und Vertreibende, sodass es auch in diesem Bereich Erleichte-
rungen gibt, aber die Spannungen beim Handeln stellen ein größe-
res Problem dar. Hier gibt es nämlich die beiden Probleme, dass
beim zwischenmenschlichen Handeln, bei entsprechenden Initiativen der Beteiligten, einerseits niemand wissen kann, was am Ende
herauskommt, da jeder andere eigene unvorhersehbare Initiativen
einbringen kann, und andererseits niemand eine Handlung bzw. Initiative zurücknehmen kann (Arendt, 1967). An dieser Stelle haben
Menschen Weltanschauungen erfunden, um mit diesen Problemen
umzugehen. Anfänglich wurden diese zu gesellschaftlichen Religionen, später ab dem 18. Jahrhundert etwa in der abendländischen

Kultur zu politischen Ideologien. Letztere entstehen, wenn eine bestimmte Weltanschauung bestimmte wichtige Interessen einer politisch engagierten Gruppe begründen kann, sodass sie mit dieser Weltanschauung ausreichend viele andere derart beeinflussen kann, dass sie ihre Interessen politisch durchsetzen kann. Hier kommt also Macht ins Spiel bzw. hier ist ihr wichtigster Platz im Politischen. Das Gefährliche bei Ideologien ist, dass in dem Moment, in dem die betreffende Gruppe mit ihrer Ideologie kaum jemanden oder zu wenig andere beeinflussen kann und sich so nicht durchsetzen kann, dass sie dann gewalttätig wird wie z.B. die Bolschewiken, die ja in der Minderheit waren. Ideologien können auch an sich gefährlich sein, wenn sie sich gegenüber der Realität immer mehr verschließen, Gewaltlösungen propagieren und aufgrund politischer Krisen immer mehr Menschen beeinflussen.

Bei allen Interessenkonflikten ist es wichtig, keine Gewalt im Sinne von Taten ohne Worte anzuwenden, es sei denn, es herrschen Not und Zeitdruck, dass ein noch größerer Schaden zu entstehen droht. Beim Einsatz von Gewalt kommt es schnell zu persönlichen, meist unlösbaren Konflikten, die immer destruktiver werden. Alle Nützlichkeitsargumente für Gewalt sollten daran gemessen werden, ob die entsprechende Gewalt die Entwicklung der Liebesfähigkeit der Beteiligten fördert oder stört, denn sonst muss man z.B. Hitler recht geben, der argumentierte: „Recht ist, was dem deutschen Volke nützt". „Wir begegnen hier [bei totalitären Regimen] auf höchst reale Weise einer der ältesten Aporien der politischen Philosophie, die [...] bereits Plato dazu veranlasste, zu sagen: »Nicht der Mensch, sondern ein Gott muss das Maß aller Dinge sein.« (Arendt, 1986, S. 618 f.) Dieses göttliche Maß ist für mich die Utopie der vollkommenen Liebe, unser menschliches Dasein in seinem Worumwillen echt und unmittelbar zu verstehen, und die Entwicklung unserer Liebesfähigkeit ist der Weg zu dieser Utopie (Kolb, 2017a). Dieses Maß für alle Nützlichkeitsargumente begründet unsere Menschlichkeit und schützt unser Recht auf ein menschliches Dasein. Die o.e. Widersprüchlichkeit ist dadurch nicht vollkommen gelöst, das wäre sie erst in der vollkommenen Liebe, aber es gibt einen Weg, auf dem wir der Lösung immer näherkommen können.

Bis dahin erkennen wir noch nicht vollkommen, was menschliches Dasein bedeutet, und verstehen nicht vollkommen, was unsere Menschenrechte sind. Weil das Streben zur vollkommenen Liebe in unserem Dasein bezeugt ist (ebenda), haben wir Menschenrechte, und wir erarbeiten sie uns in unserem Streben. Jede Begegnung mit einem anderen Menschen fordert uns dazu auf. Bis auf wenige Ausnahmen stört zwischenmenschliche Gewalt die Entwicklung unserer Liebesfähigkeit.

Nicht nur im Politischen, sondern auch in anderen Bereichen neigen Menschen dazu, Gewalt einzusetzen, wenn eine persönliche Einflussnahme misslingt. Wenn Eltern ihre Kinder nicht mehr erreichen, wenn Schüler sich von einem Lehrer nichts mehr sagen lassen, oder wenn einem Psychotherapeuten keine Erfolge mehr in der Behandlung gelingen, dann erwacht in Eltern, Lehrern oder Psychotherapeuten der Drang, nichts mehr zu sagen, sondern nur noch stumm zu handeln, und das wäre gewalttätig. Aber dauerhafte Einflussmöglichkeiten gibt es nur dann, „wenn Worte und Taten untrennbar miteinander verflochten erscheinen, wo also Worte nicht leer und Taten nicht gewalttätig stumm sind, wo Worte nicht missbraucht werden, um Absichten zu verschleiern, sondern gesprochen sind, um Wirklichkeiten zu enthüllen, und wo Taten nicht missbraucht werden, um zu vergewaltigen und zu zerstören, sondern um neue Bezüge zu etablieren und zu festigen, und damit neue Realitäten zu schaffen" (Arendt, 1967, S. 252). Je geschulter Eltern und je professioneller Lehrer und Psychotherapeuten sind, desto eher widerstehen sie derartigen Versuchungen und setzen Gewalt niemals dauerhaft, sondern nur in Notfällen ein.

12. Nicht wahrnehmbare Aktivitäten

12.1. Verstand, Vernunft und Bewusstsein

Den für andere wahrnehmbaren Aktivitäten hat Hannah Arendt ein ganzes Buch gewidmet (Arendt, 1967), und ich habe mich mit diesem Bereich aus soziologischer Sicht im Zusammenhang mit Resonanzphänomenen beschäftigt und in einem Buch von fünf Kapiteln ein ganzes Kapitel dafür verwendet (Kolb, 2017f, S. 59 ff., 4. Kapitel). Erst in ihrem Spätwerk ging sie darauf ein, dass es auch noch nicht wahrnehmbare Aktivitäten gibt (Arendt, 1998). Zum Teil sind sie sogar für uns selbst nicht wahrnehmbar, sodass sich hier z.B. die Frage der Verantwortung stellt. Andererseits schließen wir aufgrund wahrnehmbarer Aktivitäten sowohl bei uns selbst als auch bei anderen auf bestimmte nicht wahrnehmbare. Wir interpretieren, von lateinisch interprimere, dazwischen pressen, wir pressen zwischen Reiz und Reaktion eines anderen eine nicht wahrnehmbare Aktivität und fragen ihn oder sie z.B.: „Hast du nicht verstanden, bist du nicht bei Verstand?" oder sagen: „Das ist unvernünftig."

Das Gemeinsame von Verstand, Vernunft und Verantwortung ist, dass wir jeweils unter verschiedenen Aspekten etwas finden wollen, weil wir uns um unser Dasein sorgen (Heidegger, 2006). Wenn wir unseren Verstand einsetzen, wollen wir mithilfe des Verstehens erkennen und die Wahrheit über das finden, was wir und andere wahrgenommen (als wahr angenommen) haben. Mit der Vernunft und mithilfe dessen, was wir erkannt haben, wollen wir etwas vernehmen und überlegen daher, vergleichen, gewinnen einen Gesamteindruck und finden so Richtung, Sinn und Bedeutung des Erkannten für unsere Existenz, während wir über die Verantwortung von uns verlangen, dass wir gemäß dem Vernommenen

entscheiden, handeln und uns dann vergewissern, ob wir eine be-
friedigende Antwort gefunden haben auf die Frage, was das Beste
zu tun gewesen ist, um das zu erfüllen, weswegen wir überhaupt
existieren. Beim Vergewissern achten wir bewusst auf unsere Kör-
persignale, inwieweit sich etwas leiblich angenehmer anfühlt als
vor unserem Handeln. Wir setzen also unser Bewusstsein ein und
sind uns unserer körperlichen Regungen bewusst[26]. Anschließend
setzen wir wieder unseren Verstand ein, um aus den unterschiedlichen Perspektiven anderer uns weiter zu vergewissern und mit Vernunft die Bedeutung der verschiedenen Antworten herauszufinden, damit wir gemäß dem so Vernommenen weiter entscheiden
und handeln können, sodass sich ein endloser Zirkel ergibt, der nie
ein Ende findet. Wie man daher leicht einsehen kann, befinden sich
diese drei Begriffe Verstand, Vernunft und Bewusstsein in einem
absolut dialektischen Verhältnis, d.h. jeweils zwei vermitteln das
dritte und dieses zwischen den beiden, sodass keines der drei einen
Vorrang vor den anderen besitzt. Die Verantwortung ist dabei das
„Movens Agens", welches uns antreibt, nicht bei unseren eigenen
leiblichen Empfindungen stehen zu bleiben, sondern auch die Perspektive anderer einzunehmen und sich damit auseinanderzusetzen. Bei der Verantwortung sollten wir nicht nur uns selbst Antwort
geben, indem wir auf unsere eigenen Regungen achten, sondern
auch anderen Rede und Antwort stehen, deren Regungen vielleicht
anders geartet sind.

Vom Bewusstsein aus können wir uns auch kritisch fragen,
inwieweit unsere Vernunft Sinn und Bedeutung insofern getroffen
hat, als dass die daraus resultierenden Handlungen zu angenehmen
Regungen geführt haben oder nicht. Weiterhin können wir kritisch
unseren Verstand prüfen, inwieweit er echt erkannt oder sich ge-
täuscht hat, und der Verstand kann fragen, ob wir uns vielleicht in
unseren Regungen nicht angemessen gespürt haben. So kann der
oben geschilderte Kreis reflektierend in der entgegengesetzten

---

[26] Bewusst sind wir ja dann, wenn wir vergleichen können, „sodass der
Vergleich kontingente Veränderungen in den eigenen Regungen hat"
(Kolb, 2017e, S. 24), und dazu brauchen wir unsere lebendigen Körperpro-
zesse und Regungen, die wir spüren können.

Richtung durchlaufen werden und auch hier kein Ende finden. Statt zu handeln, können wir uns dies und eventuelle Folgen auch in unserer Fantasie vorstellen und dabei auf unsere Regungen achten, sodass wir uns erst nach mehreren Durchgängen und Hin- und Her-Bewegungen auf dem Kreis von Verstand, Vernunft und Bewusstsein zum Handeln entschließen. Dass wir ständig die Richtung wechseln können und dies teilweise auch unwillkürlich, zeigt, dass unser Dasein unverfügbar ist, teilweise sogar auch für uns selbst.

Das Gemeinsame von dem, was wir auf diese Weise insgesamt suchen und finden, ganz gleich wie wir uns auf dem oben beschriebenen Kreis bewegen, ist die Vorläufigkeit: alles, was wir an Wahrheit, an Sinn bzw. Bedeutung und an Optimalem finden, ist immer nur vorläufig und muss wieder und wieder durch neu Gefundenes ersetzt werden, die Suche kommt aus diesem Grund nie zu einem Ende. Es ist, wie Goethe im Prolog von Faust I sagt: „Es irrt der Mensch, solang er strebt." Und wir streben und bemühen uns um Wahrheit, Sinn und das Beste, denn wir hoffen besorgt auf Erlösung, auf das Versprechen am Ende von Faust II: „Wer immer strebend sich bemüht, den können wir erlösen."

Verstand kommt von Verstehen und bedeutet hier, dass es um alles von Menschen Wahrgenommene geht, also nicht nur um die eigenen Wahrnehmungen, sondern auch die der anderen, als ob wir an deren Stelle *stehen* und so verstehen, was sie wahrgenommen und erkannt haben. Durch den Austausch mit anderen, durch ein gutes Auskommen mit ihnen, sodass wir ihnen vertrauen können, dass sie ehrlich sind, erhalten wir vertrauenswürdige Auskunft, sodass wir immer mehr die Wahrheit des *Wahr*genommenen erkennen können. Im dialogisch-erkennenden Denken (wir stellen uns einen Dialog vor zwischen verschiedenen Menschen, die etwas wahrgenommen haben und in der Unterredung darüber Klarheit und Erkenntnis gewinnen wollen) verarbeiten wir diese Auskünfte. Somit gehört der Verstand zum Daseinsmodus des Genus[27]. Indem

---

[27] Zu den Modalitäten Genus, Individuum und Spezies unseres Daseins: Genus meint unser Dasein als gemeinschaftliche Wesen und unsere Gemeinsamkeiten, wodurch wir Gemeinschaften bilden können, Individuum

wir uns auch in andere hineinversetzen und deren Perspektive einnehmen, gewinnen wir neue Einsichten, sodass wir sagen können, dass beim Verstand der Vergleich mit dem Sehen eine vorrangige Stellung einnimmt, wenn wir darüber sprechen. Der Gesichtssinn ist auch der Sinn, bei dem es unter uns Menschen die größten Gemeinsamkeiten gibt, der Sinn, der am objektivsten ist und daher zur Wahrheitsfindung am geeignetsten.

Vernunft kommt von Vernehmen und bedeutet hier, dass wir alles von unseren fünf Sinneskanälen her *nehmen*, was wir wahrgenommen haben, um es zu einem Gesamteindruck zu integrieren und zusammenzufassen, d.h. um die verschiedenen Sinneseindrücke übereinanderzulegen, zu überlegen und davon den Gesamteindruck zu gewinnen, indem wir versuchen, das Wesentliche für unser Dasein bzw. das, was wir dafür halten, zu abstrahieren, um Sinn und Bedeutung zu vernehmen. Im hermeneutisch-abstrakten Denken verarbeiten wir die verschiedenen Überlegungen, die wir im Daseinsmodus des Individuums vor*nehmen*, wir *vernehmen* und hören gewissermaßen, woher das Wahrgenommene kommt, sodass wir von dieser Herkunft die Zukunft prognostizieren können, worauf das Ganze hinzielt und deutet, welchen Sinn und welche Bedeutung es für uns hat. Insofern hat der Vergleich mit dem Hören eine vorrangige Stellung bei der Vernunft. Die jeweilige Bedeutung erzeugt eine entsprechende Stimmung in uns, was ebenfalls auf den Hörsinn hindeutet. Dem Sinn soll man ja folgen, was auf „gehören" und „Gehorsam" hinweist.

Kant ist es zu verdanken, dass er die Denktätigkeit der Vernunft insoweit aus den Fesseln der Metaphysik befreit hat, als dass die Vernunft nicht mehr in festgelegten Denkformen verhaftet ist, sondern sich frei und kreativ entfalten kann als ein Vermögen, das allen Menschen zugänglich ist und nicht nur den Philosophen. Allerdings blieb die Vernunft bei Kant noch eingeschränkt auf die drei

---

meint das Dasein als einzelne Wesen und Spezies als handelnde Wesen in bestimmten Rollen und Positionen im Beziehungsgeflecht der jeweiligen Gemeinschaft. Alle drei Modalitäten befinden sich in einem absolut dialektischen Verhältnis, d.h. jeweils zwei vermitteln das dritte und dieses zwischen den beiden anderen.

klassischen Fragen der Metaphysik nach der Freiheit des Willens, der Unsterblichkeit der Seele und des Daseins Gottes. Hannah Arendt befreite die Vernunft auch aus dieser Fessel. Damit ist die Revolutionierung des Denkens in der Philosophie aber noch nicht abgeschlossen, denn es fehlt noch eine dauerhafte Grundlage für die Freiheit der Vernunft, ein Ziel und Konzept, wozu bzw. worum willen die Vernunft da ist und letztlich unser gesamtes menschliches Dasein. Wie in „Dasein, um zu lieben" (Kolb, 2017a) dargestellt, wäre es ein „vernünftiges" Ziel, nach der Optimierung unseres menschlichen Daseins zu suchen. Wie dort aufgezeigt, ist es in unserem Dasein bezeugt, dass wir unsere Liebesfähigkeit immer weiterentwickeln und die Utopie der vollkommenen Liebe anstreben, die mit dem echten und unmittelbaren Verstehen des Worumwillens unseres Daseins erreicht wäre. Weiter unten (S. 127 f.) werde ich zeigen, dass dieses Ziel ebenfalls daraus hergeleitet werden kann, dass es eine und meiner Meinung nach die einzig sinnvolle Lösung der „zweifachen Aporetik ihres [Hannah Arendts] Handlungsbegriffs" (Opstaele, 1999, S. 235) darstellt. Das Streben nach der vollkommenen Liebe kann immer mehr verhindern, dass sich so etwas Schlimmes wie das totalitäre Regime der Nazis wiederholt, und es würde die Möglichkeit eröffnen, nach irgendwelchen Krisen immer mehr sinnhaft zu handeln und einen neuen Anfang zu machen, beides die Hauptanliegen von Hannah Arendt. Umgekehrt gilt auch, dass, je mehr wir einen absoluten Neuanfang machen wollen, desto mehr müssen wir dazu das Worumwillen unseres Daseins echt und unmittelbar verstehen. Ein absoluter Neuanfang bedeutet, vollkommen im Hier und Jetzt zu sein, wenn also weder die Vergangenheit noch die Zukunft eine Rolle spielen. Im Hier zu sein, bedeutet, unser Dasein zu verstehen, ganz da im Sein zu stehen. Ist dieses Verstehen echt, dann können wir in der Zukunft nicht enttäuscht werden, die Zukunft ist also bedeutungslos. Wenn es unmittelbar ist, dann ist es nicht durch Vergangenes vermittelt, sodass auch die Vergangenheit keine Rolle mehr spielt.

Bei der Verantwortung suchen wir gewissenhaft nach Antworten, was das Beste für uns – das finden wir mit unserem Bewusstsein – und andere ist – dazu brauchen wir wieder unseren

Verstand und unsere Vernunft –, sodass wir uns dafür entscheiden und entsprechend handeln können. Anschließend vergewissern wir uns ehrlich und verantwortungsvoll, ob sich wirklich etwas zumindest verbessert hat und wie es vielleicht noch besser geht. Das Entscheidende dabei ist das Handeln, d.h. wir befinden uns dabei in der Daseinsmodalität der Spezies, und indem wir das Handeln anhand des Ergebnisses analysieren, ist Verantwortung immer begleitet von logisch-analytischem Denken: per Induktion erschließen wir, wo etwas im Allgemeinen herkommt, wir deduzieren, wohin etwas im Einzelnen führen kann, und per Konduktion schlussfolgern wir, womit wir im Spezifischen gerade zusammengeführt werden. Da wir sagen, dass wir uns verantwortlich *fühlen*, vergleichen wir Verantwortung vorrangig mit dem Gefühl und dem Gespür, dem Vorfühlen, Hinspüren und daher mit dem Tastsinn und dem Kontaktgefühl auf der Haut. Mit der Verantwortung können wir das Spekulative der Vernunft wieder einfangen und in der Realität verankern, sodass die Denktätigkeit und damit *die Philosophie anderen Wissenschaften in nichts mehr nachsteht.*

Gegenüber dem Gesichtssinn, dem Gehör und dem Tastsinn sind die beiden anderen Sinne, „Geschmack und Geruch die privatesten der Sinne, diejenigen nämlich, die nicht einen Gegenstand, sondern eine Empfindung liefern" (Arendt, 1998, S. 453). Unserem Bewusstsein sind daher diese beiden Sinne, Geschmack und Geruch, zugeordnet, und der Tastsinn verbindet gewissermaßen Verantwortung und Bewusstsein und macht uns verantwortungsbewusst. Mit der Verantwortung wird unser Bewusstsein zum Gewissen. Im Englischen bedeutet das Wort „conscience" sowohl Bewusstsein als auch Gewissen. Die Haut, in welcher der Tastsinn verankert ist, gilt auch als das „Kontaktorgan" von uns Menschen.

Geschmacks- und Geruchssinn sitzen in den Schleimhäuten des Verdauungskanals bzw. des respiratorischen Systems, die in der Embryonalentwicklung sich zuerst außen befinden und dann durch Einstülpung ins Innere des Körpers gelangen. Mit den Schleimhäuten nehmen wir also Kontakt mit allem auf, was wir ins Innere unseres Körpers kommen lassen, also verschlucken oder einatmen. So kommt es im Zusammenhang von Geruchs- und Geschmacksreaktionen auch zu Regungen von Magen und Darm, sowie von Lunge und Herz, die wir ebenfalls bewusst wahrnehmen können. Während Geruch und Geschmack von allen körperlich gesunden Menschen wahrgenommen werden können, sind manche von den Regungen unterhalb des Kopfes wahrnehmungsmäßig wie abgeschnitten.

Durch den Verstand wächst die Erkenntnis, die Vernunft bringt unsere Fantasie über das Bedeutsame zum Blühen (wie bei einem Brainstorming, wobei wir uns auch kreativ fragen können, was das Sinnloseste und Unbedeutendste jeweils ist, oder was der schlechteste Mensch mit der jeweiligen Erkenntnis machen würde), und mit der Verantwortung bzw. unserem Bewusstsein und Gewissen gedeiht unsere Situation[28] immer mehr zum Besten. So entwickelt sich jedenfalls unser Dasein und unsere Liebesfähigkeit im Idealfall immer weiter. Fehlt jedoch die Verantwortung bzw. das Gewissen, dann werden wir zu hohlen Wesen, die in Aktionismus und/oder Lethargie nur noch ein schattenhaftes Dasein am Rande oder außerhalb der Gesellschaft führen. Hierzu zählen manche Philosophen, und im Zen-Buddhismus bezeichnet man das Phänomen, wenn jemand in der Meditation verweilt und nicht mehr in den Alltag zurückkehren mag, als „Zen des toten Mannes" (Hisamatsu, 2011, S. 220). Über Verantwortung kann es natürlich auch Meinungsverschiedenheiten geben, dass jemand etwas für das Beste hält und ein anderer nicht. Hier kommt es auf den Verstand an, ob die betreffende Person sich für andere verständlich machen kann in ihrer Meinung. Falls nicht, gerät sie immer mehr an den Rand der Gesellschaft. Ohne Vernunft wird Erkenntnis zum Selbstzweck und

---

[28] Eine Situation ist ein raumzeitlich bezüglich eines Zieles bzw. eines Worumwillens begriffener Zusammenhang, in dem ein Lebewesen innerhalb bestimmter räumlicher und zeitlicher Grenzen bzw. Horizonte materielle Gegensätze unterscheiden bzw. wahrnehmen, Aussichten beurteilen (was auf es zukommen kann) und praktische Zusammenhänge sowohl induktiv als auch deduktiv, als auch conduktiv schlussfolgernd sich erschließen kann, wo etwas im Allgemeinen herkommt, wo etwas im Speziellen hinführen und womit man im Einzelnen zusammengeführt werden kann.

zur Sucht, und wir erschaffen z.B. eine seelenlos künstliche Welt, in der alles Menschliche erfriert. Ein Wissenschaftler z.B., der nur forscht und den die Bedeutung und die Folgen seiner Forschung nicht interessieren, gerät in diese Gefahr.

Etwas besonders Schlimmes erwächst aus der Vernachlässigung des Verstandes, wenn wir uns nicht mehr um Erkenntnis bemühen und meinen, wir müssten die Realität nach unserer Fantasie bzw. nach einer Ideologie gestalten, die dadurch verschwörerische Züge bekommt, weil sie nicht mehr überprüft werden soll oder darf. Beim Einzelnen ergeben sich dann immer mehr wahnhafte Züge, und wenn dieser als „Führer" politische Macht bekommt wie Hitler, Stalin (auch er ließ sich „Führer" nennen) oder Mao Zedong (er war der „Führer" auf dem sogenannten „Langen Marsch"), entstehen totalitäre Systeme. Diese „Führer" konnten sich allerdings nur deswegen an die Spitze setzen, weil es genügend andere gab, die sich von ihrem Wahn anstecken ließen. Erst der Tod des „Führers" befreite sie davon. Dieses Phänomen kann kein individuelles sein, es muss ein gesellschaftliches sein. Ansteckung setzt Ähnlichkeit zwischen Führern und Gefolgsleuten voraus.

Auch bei den drei genannten Führern gibt es Parallelen: Bei Hitler und Stalin gibt es die ähnliche Entwicklungsgeschichte, dass ihr Vater sie jeweils brutal körperlich misshandelt hat und ihre Mutter machtlos danebenstand. Sie waren also mutterseelenallein dem Terror ihres Vaters ausgesetzt, wobei „weder Furcht noch Misstrauen" ihnen Rat geben konnten, „wie zu handeln sei", „da vom eigenen Handeln das Schicksal gar nicht mehr abhängt" (Arendt, 1986, S. 961), ein Kennzeichen ihrer späteren totalen Herrschaft. Auch Mao Zedongs Vater soll despotisch gewesen sein. In dem jeweiligen gesellschaftlichen Umfeld der drei herrschten chaotische Zustände, die Menschen waren ebenfalls dadurch vereinzelt bzw. mutterseelenallein und einem Terror ausgesetzt. In Deutschland herrschte eine sogenannte „schwarze Pädagogik", die davon ausging, dass Kinder als Verbrecher auf die Welt kämen und mit aller Härte bestraft werden müssten bei den kleinsten Anzeichen von eigenem Willen (Miller, 1991). Für Verstand war also kaum Platz unter solchen Bedingungen. Im zaristischen Russland herrschte die

Ochrana, eine terroristische Geheimpolizei, die ihre Existenz dadurch rechtfertigte, dass sie Revolten inszenierte, um sie dann niederzuschlagen, und China erlebte Ende des 19. und Anfang des 20. Jahrhunderts sehr viele Aufstände, die von den Kolonialmächten blutig niedergeschlagen wurden. Später setzte Japan in China den Terror fort bis zum Ende des Zweiten Weltkriegs. Es gab also überall Terror ohne Verstand.

Wir können Sehen, Hören und Fühlen als nach außen auf die Umwelt gerichtete Sinne uns auch gedächtnismäßig vorstellen, d.h. die entsprechenden Eindrücke davon können wir aus unserem Gedächtnis abrufen bzw. uns daran erinnern. Beim vorgestellten Sehen sprechen wir dann z.B. vom geistigen Auge, das vorgestellte Hören hat mit Stimmungen zu tun, die uns über Resonanz zum „Schwingen" bringen können, z.B. zum „seelischen Übereinklang" mit anderen, und beim vorgestellten Fühlen oder Spüren fühlen oder spüren wir unsere Regungen und unseren Körper, der wir sind und dessen wir auf diese Weise implizit bewusst sind. Bewusst sind wir ja dann, wenn wir vergleichen können, „sodass der Vergleich kontingente Veränderungen in den eigenen Regungen hat" (Kolb, 2017e, S. 24), und dazu brauchen wir unsere lebendigen Körperprozesse und Regungen, die wir spüren können. Insofern hat das Sehen nicht nur mit dem Verstand, sondern auch mit dem geistig-idealen Aspekt unseres Daseins, unserem Geisteszustand, zu tun, in welchem wir die Wahrheit suchen, das Hören nicht nur mit der Vernunft, sondern auch mit dem seelisch-motivationalen Daseinsaspekt, unserem seelischen Zustand, wobei wir Sinn und Harmonie suchen, und schließlich bezieht sich das Fühlen nicht nur auf die Verantwortung, sondern auch auf den bewusst-lebendig-körperlichen Aspekt unseres Daseins, unseren Bewusstseinszustand, wobei wir Befreiung vom Leid suchen. Dass diese drei Daseinsaspekte des Geistig-Idealen, des Seelisch-Motivationalen und des Bewusst-Körperlichen sich in einem absolut dialektischen Verhältnis zueinander befinden, habe ich schon gezeigt (Kolb, 2017a), und wie oben anhand dessen, dass wir den Kreisprozess von Verstand, Vernunft und Bewusstsein in zwei Richtungen durchlaufen können, gilt dies auch für den Geisteszustand des Verstandes, den seelischen Zustand der

Vernunft und den Bewusstseinszustand unseres Leibes[29], sodass keine dieser Zustandsbeschreibungen einen Vorrang vor den anderen hat.

12.2.   Denken, Urteilen und Wollen

Sowohl mit dem physischen als auch mit dem geistigen Auge ist das Sehen immer mit einem Affekt verbunden. Nur wenn durch <u>Affekte</u> unsere Aufmerksamkeit auf etwas gelenkt worden ist, richten wir unsere Sinne darauf, um etwas zu <u>erkennen</u>. Entsprechend hören wir erst dann auf eine Regung oder Stimmung und versuchen herauszufinden, was für einen Sinn bzw. was für eine Bedeutung das sinnlich oder geistig Erkannte hat, wenn es uns betrifft bzw. einen Bezug zu uns hat (dies ist insofern auch transitiv, als dass alles, was andere betrifft, zu denen wir einen Bezug haben, uns ebenso betrifft), wenn wir also etwas empfinden. Nur bei <u>Empfindungen</u> suchen wir nach einem Bezug bzw. nach <u>Sinn und Bedeutung</u>. Und schließlich fühlen und spüren wir dem Sinn und der Bedeutung nur dann absichtlich bzw. bewusst nach, wenn wir etwas erwarten, um dafür zu sorgen, dass unsere Situation oder die von denjenigen, zu denen wir einen Bezug haben, immer besser und nicht schlechter wird. Nur bei erwartungsvollen <u>Gefühlen</u> denken wir darüber nach, wie wir einen entsprechenden Sinn <u>erfüllen</u> können. Unser Denken wird somit durch sogenannte emotionale Prozesse angeregt: das dialogisch-erkennende Denken mit dem „sehenden" Verstand durch Affekte, das hermeneutisch-abstrakte Denken mit der „hörenden" Vernunft durch Empfindungen der Betroffenheit und das logisch-analytische Denken mit dem „fühlenden" Bewusstsein durch erwartungsvolle Gefühle.

---

[29] Mit dem Begriff des Leibes will ich jenen Aspekt unserer Körperlichkeit betonen, den wir als unsere eigene Lebendigkeit wahrnehmen, denn je mehr wir begreifen, dass wir durch unsere Regungen selbst betroffen sind, desto mehr ist unser Selbst in dieser Körperlichkeit verankert, d.h. wir erkennen aufgrund unserer Körperlichkeit immer mehr, dass wir lebendig sind.

Diese emotionalen Prozesse beinhalten Engagement und Ökonomie. Das Engagement nennen wir das Wollen, und die Ökonomie bedeutet, dass wir nur den Prozessen des Denkens und Wollens Kraft erteilen, die uns in der jeweiligen Situation wichtig (Affekt) genug erscheinen bzw. uns nah (Empfindung) genug gehen, indem sie uns gefallen oder missfallen, (bewusste) angenehme oder unangenehme Regungen auslösen bzw. angenehme oder unangenehme Bewusstseinszustände und wir Geschmack daran gefunden haben oder das Gegenteil, sodass wir diese ökonomische Steuerung auch Urteilen (von erteilen) nennen können[30]. Das Urteilen steht sozusagen zwischen Denken und Wollen und beeinflusst beides, wird aber auch von beidem beeinflusst.

Beim Urteilen geht es vom Geschmack bzw. vom Bewusstsein unserer Regungen ausgehend anfänglich um konkrete Vorstellungen und Geschehnisse, was zuerst nur zu konkreten Regeln und Urteilen führt, was ich z.B. kann oder schön, wichtig, richtig, gerecht und gut finde und was nicht. Ich reflektiere bestImmte bewusste und besondere Erfahrungen, die mir gefallen haben oder nicht, als ich etwas erreichen oder vermeiden wollte, sodass wir es hier mit einem reflektierenden Urteilen zu tun haben. Später können sich daraus durch Verstand, Vernunft und Verantwortung bzw. Bewusstsein und Gewissen, also vom Denken her, auch allgemeine, bestimmende Urteile und Regeln entwickeln. Das Konkrete in Form von Bewusstsein und Gewissen ist in dem verallgemeinernd-reflektierenden und allgemein-bestimmenden Urteil stets enthalten. Um vom konkret-reflektierenden zum allgemein-bestimmenden Urteil zu kommen, brauchen wir das Denken. Um die Urteile anderer zu verstehen (auch deren Einschränkungen, die sie zu Vorurteilen machen können) und mit unserem eigenen Urteil abzugleichen und eigene Fehl- und Vorurteile zu erkennen, brauchen wir den Verstand (von verstehen) bzw. unsere Einbildungskraft, um uns in andere hineinzuversetzen und uns ein Bild von ihrer Weltsicht zu machen – wir wollen uns ja mit anderen *vertragen* (daraus entsteht die Idee

---

[30] Dass Urteilen mit Geschmack zu tun hat, meinte schon Kant, der seine „Kritik an der Urteilskraft" zuerst mit „Kritik des Geschmacks" betiteln wollte.

eines ursprünglichen *Vertrags* der Menschheit als ganzer), sodass
hier eine erste Verallgemeinerung stattfindet –, wir brauchen ferner unsere Vernunft, indem wir eigene ähnliche Urteile übereinan-
derlegen und überlegen, welche Gemeinsamkeiten sie haben, welcher Sinn und welche Bedeutung sich daraus ergeben, sodass unser
konkret-reflektierendes Urteil ein Beispiel oder Präzedenzfall für
die anderen Urteile wird und zu einem exemplarischen Urteil ver-
allgemeinert wird. Die Verantwortung bzw. das Gewissen schließlich rundet den Prozess der Verallgemeinerung insofern ab, als dass
wir in der Praxis unser allgemein-bestimmendes Urteil erproben
und nötigenfalls mithilfe von Verstand, Vernunft und Bewusstsein
wie oben verbessern, damit unser praktisches Handeln durch unsere Urteile via Wollen oder Denken derart beeinflusst wird, dass
wir uns in einem noch zu klärenden Sinn weiterentwickeln (weiter
unten werde ich für die Weiterentwicklung unserer Liebesfähigkeit
plädieren). Da das Urteilen über unser Bewusstsein stets unseren
Geschmack und unsere körperlichen Regungen miteinbezieht, kann
es immer auch etwas Zufälliges enthalten. Je nach meinem Zustand
mag ich etwas anderes, ein schlecht gelaunter Richter wird härtere
Strafen verhängen als ein gut gelaunter. Die Allgemeingültigkeit
von Urteilen reicht nur so weit, wie andere miteinbezogen sind und
sich auf einen gemeinsamen Sinn (z.B. die Weiterentwicklung unserer Liebesfähigkeit) des gemeinsamen Daseins geeinigt haben.

Beim Denken kommen wir vom Besonderen der Sinneseindrücke zum Allgemeinen der Erkenntnis, der Bedeutung und der logischen Analyse, wo es herkommt, womit man zusammengeführt
wird, und wo es hinführen kann, bis unsere Emotionen sich einschalten und wir uns entweder spezifisch engagieren, indem wir
entweder etwas besser oder überhaupt erkennen, Sinn und Bedeutung deutlicher oder überhaupt begreifen oder logisch etwas mehr
oder überhaupt analysieren wollen. Anschließend handeln wir oder
lassen beurteilend nur bestimmten dieser Absichten Energie zukommen und erkennen, begreifen oder analysieren entsprechend.
Statt uns direkt zu engagieren können wir auch über unser Denken
urteilen und nur bestimmten Gedankengängen Energie erteilen,
die dann zum Wollen bzw. zu bestimmten Absichten führen. Je

nachdem handeln, denken oder urteilen wir dann im Weiteren. Es gibt hier also einen Kreisprozess, der in zwei Richtungen ablaufen und an jeder Stelle sich umkehren kann, nämlich vom Denken zum Urteilen und zum Wollen oder umgekehrt vom Denken zum Wollen und zum Urteilen, und der beim Wollen durch Handeln verlassen werden kann. Abschließend kann das Handlungsergebnis beurteilt werden, sodass an dieser Stelle wieder in diesen Kreisprozess eingetreten werden kann.

Wenn es zur Urteilsbildung kommt, die zu etwas Besonderem hinführt, vermittelt über das Allgemeine des Denkens (Regeln oder Exemplarisches), dem das Besondere der gegenwärtigen Situation entgegenkommt, dann beurteilen wir z.B. ein Geschehen, etwa die eigene Handlung oder die eines anderen, nachdem wir es erkenntnismäßig eingeordnet, deren mögliche Bedeutung erfasst und praktisch-analytisch begriffen, also solchen Gedanken die Energie erteilt haben. Bei diesem Schritt greifen wir zuerst meistens auf bereits Gedachtes zurück und wenden es bestimmend auf das besondere Geschehen an. Daraufhin bewerten wir das Ganze einerseits nach spezifisch-logischen Regeln und Maßstäben, andererseits nach unserem individuellen „Geschmack" oder Körpergefühl, und außerdem vergleichen wir beide Bewertungen mit den erinnerten Urteilen anderer Menschen, deren Meinung uns wichtig ist. Dabei hilft uns der Verstand, alle bekannten Standpunkte zu verstehen und mit Vernunft einen allgemein-richtungsweisenden Standpunkt einzunehmen, der unser individuelles Urteil und die Meinungen der anderen von subjektiven Einschränkungen befreit. All diesen Gedankengängen erteilen wir Energie. Wie beim Denken gibt es auch beim Urteilen drei verschiedene Einflüsse auf unser Urteilen, die den drei Daseinsmodalitäten Genus (andere erinnerte Standpunkte), Individuum (eigener geschmacklicher Standpunkt) und Spezies (spezifische erlernte Regeln, logisches Analysieren der verschiedenen Standpunkte) entsprechen. Bei einem voll ausgereiften Urteilen, wenn also alle drei Einflüsse gleichberechtigt zum Zuge kommen und sich gegenseitig kritisieren können, entsteht ein prozesshafter Zustand, den Sigmund Freud „freischwebende Auf-

merksamkeit" genannt hat, die ideale Haltung eines Psychotherapeuten, der „frei beobachtend" alle Äußerungen seiner Patienten
beurteilt, bzw. ihnen Aufmerksamkeit und bestimmten Gedanken
darüber Energie gibt.

Psychologisch interessant ist hierbei Folgendes: da beim
Urteilen nach Regeln und Maßstäben oder aufgrund einer logischen Analyse dies sich in unserem Gehirn anspielt, sagen wir
meist, dass solche Meinungen, die etwas zu bestimmen suchen,
vom „Kopf" kommen, während wir vom Körpergefühl geleitete Urteile als vom „Bauch" reflektiert bezeichnen. Insbesondere, aber
nicht nur, wenn „Kopf" und „Bauch" sich im Widerspruch befinden,
vergleichen wir uns mit anderen und schauen, wie sie urteilen und
ob sie manchmal ähnliche Konflikte haben wie wir und wie sie diese
evtl. lösen. Insgesamt können wir dann einen allgemeinen Standpunkt einnehmen. Wenn es zwischen den erinnerten Urteilen anderer und unserem „Bauch"-Gefühl Differenzen gibt, kann unser
„Kopf" mit Logik das Dilemma u.U. beseitigen, und bei Diskrepan-
zen zwischen der Meinung anderer und unseren gelernten Regeln
und Maßstäben oder unserer Logik entsprechend unser „Bauch".
Wie man hieran erkennen kann, besitzt keine der drei Quellen, auf
die wir beim Urteilen angewiesen sind, einen Vorrang vor den anderen beiden. Bei einer Psychotherapie kann es daher hilfreich
sein, darauf zu achten, ob Patienten eine der drei Quellen bevorzu-
gen oder ständig ignorieren.

Wer zu oft die Meinungen anderer übergeht oder nicht
mehr nachprüft, ob sich diese geändert haben, wird bald nur noch
wenige Freunde haben, wer immer wieder den „Kopf" missachtet,
dessen/deren Leben wird eher chaotisch verlaufen, und wer zu wenig auf ihren/seinen „Bauch" oder seine/ihre „innere Stimme" hört,
muss sich nicht wundern, wenn er oder sie irgendwann psychoso-
matische Beschwerden bekommt. Zwanghafte Menschen richten
sich zu sehr nach Regeln und Maßstäben oder der Logik und misstrauen anderen und ihrem eigenen „Bauch", Süchtige folgen mehr
ihrem „Bauch" und nehmen andere und Regeln oder Logik nicht
ernst genug, und wer sich ständig an der Meinung anderer orien-
tiert und weder seinem/ihrem „Kopf" noch seinem/ihren „Bauch"

vertraut, verliert sich selbst und seine/ihre Fähigkeit, selbst etwas zu beurteilen, immer mehr.

Nachdem wir durch unser bestimmendes oder reflektierendes Urteilen unserem allgemeinen Denken einen konkreten Sinn gegeben haben, drängen unsere Emotionen weiter, dass wir uns engagieren und uns spezifische Ziele setzen für die Auseinandersetzung mit unserer Umwelt und/oder für unser (zwischenmenschliches und damit immer auch gemeinschaftliches) Handeln, dass wir explizit etwas wollen. Da wir, wenn wir nicht gerade ein Eremitendasein führen, mit anderen zusammenleben, sind diese mehr oder weniger betroffen von unseren Absichten, sodass sich die Frage stellt, ob und was wir anderen davon <u>mitteilen</u> wollen. Unsere Absichten dienen einerseits dazu, dass es uns selbst immer besser geht, andererseits aber auch anderen Menschen, die uns wichtig erscheinen oder auch tatsächlich sind, und schließlich sollen unsere Absichten sich nicht widersprechen und wir sollten sie erreichen können, insbesondere auch dadurch, dass wir andere davon überzeugen, dass sie uns unterstützen. Auch beim Wollen spielen also die drei Daseinsmodalitäten Genus, Individuum und Spezies eine Rolle, und einseitige Bevorzugung oder ein Übergehen einer dieser Modalitäten kann zu ähnlichen (psychischen) Problemen führen wie beim Urteilen. Sowohl bei der Frage des Mitteilens unserer Absichten als auch dabei, ob und wie wir unsere Absichten erreichen können, setzt wieder unser Urteilen und Denken ein.

Bisher haben wir nur den Fall betrachtet, dass wir vom Denken zum Urteilen und dann zum Wollen übergehen, um dann die Ergebnisse verantwortungsvoll zu bedenken, erneut zu beurteilen usw. Wir können wie oben schon erwähnt diesen Kreisprozess umkehren und uns direkt engagieren und bestimmte Absichten erreichen wollen. Diese müssen wir dann u.U. beurteilen, ob sie erreichbar und sinnvoll sind, und wem sie tatsächlich zuträglich sind, wir müssen also vom Wollen zum Urteilen gehen und unsere Absichten entsprechend reflektierend beurteilen, welche Gedankengänge notwendig sind, um entsprechende Handlungspläne für deren Erreichen zu entwickeln. Wir können natürlich auch nach allgemeinen Regeln unsere Absichten entsprechend bestimmend beurteilen,

um dann über Pläne nachzudenken. Je nachdem zu welchem Ergebnis unser Denken dann kommt, modifizieren wir unsere Absichten
und sind damit wieder beim Wollen, beurteilen erneut reflektierend oder bestimmend unsere neuen Absichten usw.

Insgesamt haben die unsichtbaren Aktivitäten von uns
Menschen, die Suche nach Wahrheit, Sinn und optimalen Verhält-
nissen bzw. Sinnerfüllung, die drei Grundfunktionen (1) des Denkens, wobei wir uns vom Besonderen und Einzelnen ausgehend mit
dem Allgemeinen beschäftigen, (2) des Urteilens, wobei wir uns unter Berücksichtigung des Allgemeinen bestimmend dem Besonderen und Einzelnen zuwenden oder reflektierend von Einzelfällen
ausgehend unser Denken und Wollen verantwortungsbewusst
bzw. gewissenhaft kritisieren, und (3) des Wollens mit seinen spezifischen Absichten, die das Einzelne vermittelt über das Allgemeine mit dem Einzelnen verbinden, den konkreten Ist-Zustand
mittels allgemeiner, die anderen u.U. überzeugender Ideen und
Vorstellungen mit einem konkreten Soll-Zustand. Diese drei Funktionen beschreiben einen kreisförmigen Prozess, der in zwei verschiedenen Richtungen durchlaufen werden kann.

Nehmen wir nochmals die Richtung vom Denken zum Urteilen, zum Wollen und wieder zum Denken: wir denken über etwas
nach, an was wir uns erinnern, und empfinden dabei, was es mit
uns macht bzw. inwiefern es uns betrifft, wir ziehen das aus dem
Erinnerten heraus und kommen dahin, was es für uns bedeutet.
Dieses abstrahierend-hermeneutische Denken ist ein Vernunft-
Denken, was vor allem mit uns selbst zu tun hat, wobei wir hinhö-
ren, was das Erinnerte zu uns sprechen will, wie es uns entspricht
und wodurch wir selbst etwas oder uns selbst erkennen können
nach dem Motto „Sapere aude!" oder „Wage es, selbst weise zu
sein!". Bei Kant ist dies die Maxime der Aufklärung, das „Selbstden-
ken" (Arendt, 2012, S. 111). Ferner denken wir auch dialogisch-er-
kennend, versetzen uns in andere und diskutieren mit ihnen in unserer Vorstellung, um zu verstehen, ein Verstandes-Denken nach
der Maxime der „erweiterten Denkungsart", wenn wir „an der
Stelle jedes anderen denken" (ebenda). Schließlich denken wir

auch analytisch-logisch, bei Kant die Maxime der Widerspruchsfrei-
heit, „Jederzeit mit sich selbst einstimmig denken" (ebenda), eine
Art verantwortlich-gewissenhaftes Denken, wo etwas herkommt,
womit wir zusammenkommen, und wo etwas hinführen kann, damit wir auf Fragen antworten können, auch eine Verantwortung
uns selbst gegenüber eingehen, dass wir uns nicht in Widersprüche
verwickeln. Insgesamt haben wir dabei den von Kant sogenannten
„sensus communis", der uns zu einem Urteil über das Gedachte
führt, indem wir das über Gesichtssinn, Gehör und Tastsinn Wahrgenommene und durch die eben beschriebenen Denkvorgänge Be-
arbeitete mithilfe unseres vorgestellten Geschmacks- und Geruchssinns direkt beurteilen (inwiefern es uns gefällt oder eklig ist, uns
stinkt oder angenehm ist) bzw. ihm eine bestimmte (körperlich) ge-
fühlte Bewertung zuordnen. Die erstgenannten drei Sinne stellen
uns ja „objektiv" (von lateinisch obicere, entgegenwerfen) etwas
gegenüber, während wir mithilfe der anderen beiden Sinne dem Erinnerten bzw. Gedachten „subjektiv" etwas an Wert (es gefällt uns
oder es gefällt uns nicht) unterstellen (von lateinisch subicere, un-
terlegen, unterstellen).

 Nach Kant enthüllen unsere Urteile unsere Denkungsart
(ebenda), aber auch unsere eigenen Emotionen, die ja mit dem
Denken verknüpft sind. Wie oben geschildert, ist dies ein Urteilen
vom „Bauch", vom Körpergefühl her, wobei wir zuerst das erkennend-dialogische Verstandes-Denken benutzt haben und kommen
so vom abstrahierend-hermeneutischen Vernunft-Denken aus,
wenn wir unserer selbst bewusst bzw. vermittelt über unser Kör-
perbewusstsein (Geschmack, Geruch und körperlich wahrgenommene Regungen) es wagen, selbst weise zu sein, zu einem subjektiv-individuellen Urteil. Dann wenden wir unsere erlernten Regeln
und Maßstäbe und unser analytisch-logisches Verantwortungs-
denken – unser eigenes Wissen, unsere eigene Weisheit – an und
kommen zu einem vom „Kopf" getroffenen Urteil, welches die Meinung des „Bauches" in Frage stellen kann. Ein weiteres Verstandes-
Denken schließlich, bei dem wir uns bewusst sind, dass wir Gemeinschaftswesen sind, die sich anderen mitteilen und Antwort geben

sollten (zumindest wenn wir gemeinsam abgestimmt handeln wollen), führt dazu, dass wir uns auch mit den Urteilen anderer auseinandersetzen und gegebenenfalls unser eigenes von „Kopf" und „Bauch" modifizieren. Beim Vergleich mit anderen sind wir dabei auf unsere Erinnerung der anderen Meinungen angewiesen und wie wir diese für uns verarbeitet und z.B. von subjektiven Einschränkungen befreit haben und daher einen allgemeinen Standpunkt einnehmen können, andererseits ist es wichtig, immer wieder aktiv in den Meinungsaustausch zu gehen, damit uns Entwicklungen und Änderungen nicht entgehen. Gedanken und Einstellungen, die uns von solchen kommunikativen Realitätsprüfungen abhalten wollen, sind sehr gefährlich, weil sie zu Totalitarismus führen können.

Der Ausdruck „sensus communis" weist auf zweierlei hin: zum einen sind hier alle fünf Sinne vereint, sodass manche hier vom „gesunden Menschenverstand" reden, auf den alle Menschen für sich individuell zugreifen können, zum andern können wir unsere Urteile und Meinungen darüber, was wir schätzen oder ablehnen, mit anderen teilen oder kommunizieren, weil wir als Menschen von gemeinsamer Art sind. Eine logische Analyse kann dann helfen, einen allgemeinen Standpunkt zu finden, von dem aus Meinungskonflikte gelöst werden können. Dadurch, dass unsere „subjektiven" Sinne uns unseren eigenen momentanen Standpunkt und Zustand direkt und unmittelbar vermitteln, sind unsere Urteile emotional geprägt, und wenn wir sie anderen mitteilen, teilen wir indirekt unsere Emotionen mit, nicht nur unsere Denkungsart. Wir teilen aber nur das mit, wovon wir hoffen, dass wir auf irgendeine Art von Reaktion treffen. Dies kann Resonanz oder Zustimmung bedeuten, aber auch Widerspruch oder Dissonanz, wobei wir in der anschließenden Auseinandersetzung hoffen, zu einer gemeinsamen Meinung oder zu gegenseitiger Toleranz zu finden. Nur das, was unser gemeinsames Miteinander-Auskommen nicht gefährdet, wollen wir auch mitteilen – und damit sind wir schon beim Wollen.

Indem wir mithilfe der verschiedenen Bewertungen bzw. Beurteilungen, was uns mitteilenswert erscheint, Entscheidungen treffen, was wir mitteilen wollen, kommen wir vom Urteilen zum

Wollen, und das, was wir mitteilen wollen, kann nach entsprechender Auseinandersetzung zu etwas werden, was wir auch wollen und durch gemeinschaftliches Handeln erreichen können. Die Mitteilbarkeit wenigstens einem Menschen gegenüber ist bis auf Ausnahmen eine notwendige Bedingung für unser Wollen. Wenn jemand eine Meinung oder eine damit zusammenhängende Absicht bzw. ein Wollen auf gar keinen Fall irgendjemand anderem mitteilen oder stattdessen etwas Falsches äußern will – das ist auch ein Mitteilen und ein Wollen –, dann will er entweder etwas tun, was gegen die Meinung aller anderen ist und in seiner Gemeinschaft vermutlich als Verbrechen gilt, oder es ist etwas, wofür die betreffende Person sich schämen würde, wenn andere davon wüssten. Damit ist die mangelnde Auseinandersetzung für sie selbst meistens nicht gut, was sie aber u.U. verdrängt. Sobald also die Frage des Mitteilens auftaucht, und das ist früher oder später immer der Fall, sind wir beim Wollen, ob wir wollen oder nicht. Das liegt daran, dass unsere Aktivitäten fast immer auch mit anderen zu tun haben, also zwischenmenschlich und damit gemeinschaftlich sind.

Um eine Übersicht über unsere Meinungen zu bekommen, wählen wir Urteile exemplarisch aus, die eine ganze Gruppe ähnlicher Urteile vertreten und so auch allgemeine Absichten erläutern. In der Rechtsprechung entspricht dies den sogenannten Präzedenzfällen. Damit sind wir nicht mehr beim bestimmenden, sondern beim reflektierenden Urteilen, wir reflektieren unsere bestimmenden Urteile, wir reflektieren den Kreisprozess Denken-Urteilen-Wollen zu Wollen-Urteilen-Denken. Wenn wir dann über die Möglichkeiten nachdenken, wie wir das Gewollte bzw. unsere Absichten, auch die allgemeinen, erreichen können, sind wir wieder beim Denken, machen Pläne und beurteilen die Möglichkeiten, präzisieren unser Wollen, unsere Absichten und Ziele usw. Auf diese Weise werden wir immer konkreter, bis wir dann vom Wollen zum Handeln kommen. Bei diesem Übergang kommt dann die Moral ins Spiel, wenn wir z.B. die Pläne zum Erreichen unserer Ziele moralisch nicht vertreten können. So begrüßte Kant z.B. die Ideen und Ziele der Französischen Revolution, aber eine Revolution als Handlung lehnte er aus moralischen Gründen strikt ab. Allerdings war für ihn eine Revolution immer mit einem Staatsstreich verknüpft, sodass aus einer Tyrannei erneut eine Tyrannei werden würde und aus dem Revolutionär ein Tyrann. Mit dem Handeln kommen diese Prozesse jedoch nicht zum Abschluss. Wir denken über das Ergebnis nach mit Verstand, Vernunft und Verantwortung bzw. Bewusstsein und Gewissen und kommen so zu einem teils bestimmenden, teils reflektierenden Urteil über unser Handeln. Erst damit ist das Handeln als solches abgeschlossen und kann erzählt oder protokolliert werden. Zugleich aber sind wir aufgefordert, die entstandene Situation zu beurteilen und von diesem Urteilen aus wieder zu einem Wollen oder Denken zu kommen usw.

Kommen wir nochmals zur Prozessrichtung vom Denken zum Wollen zum Urteilen und wieder zum Denken: angenommen wir denken von unseren Emotionen gesteuert über etwas nach, sodass wir dann etwas wollen, so kommen wir vom Wollen zum Urteilen, wenn wir kritisch beurteilen, was wir können, ob und wie wir andere überzeugen können von unseren Ideen oder was die Moral uns gebietet, ob z.B. durch das Wollen unerwünschte Nebenwirkungen auftreten können, sodass wir darüber nachdenken, welche früheren Erfahrungen wir schon gemacht haben, und dann etwas nicht mehr oder etwas anderes wollen, also zurück zum Wollen kommen. Indem wir das, was wir jetzt neu oder anders wollen, neu bewerten, beurteilen wir noch anderes neu, worüber wir erneut kritisch nachdenken und evtl. wieder etwas anderes wollen usw., bis wir auch hier kaum noch zu etwas Neuem kommen, also den Eindruck haben, dass wir umsichtig genug alles in Betracht gezogen haben, sodass wir dann noch verantwortungsvoller handeln, als wenn wir uns nur in Richtung Denken-Urteilen-Wollen bewegt hätten. Ähnlich wie bei dem Kreisprozess von Verstand, Vernunft und Bewusstsein bzw. Gewissen können wir auch bei den Prozessen von Denken, Urteilen und Wollen jederzeit die Richtung wechseln, bis wir aufgrund von Erfahrungen mit der Realität auf diese Weise immer verständiger bzw. verständlicher, vernünftiger und verantwortungsvoller bzw. gewissenhafter handeln können.

Wenn wir das Urteilen noch einmal genauer betrachten, wie es zwischen Denken und Wollen vermittelt, so ergibt sich Folgendes: Dem Wollen erteilt das Urteilen (erteilen und urteilen sind wortverwandt) in dem Kreisprozess Denken-Urteilen-Wollen vom Denken und damit vom Theoretischen her die emotionale Energie, die insofern im Denken steckt, als die entsprechenden Emotionen das Denken angeregt haben und ihm überhaupt eine Wirkung auf uns und damit eine Wirklichkeit verliehen haben. Affekte regen das dialogisch-erkennende Denken an, indem sie die Aufmerksamkeit auf etwas lenken, was wir dann erkennen wollen, und dieses Wollen hat dann eine Wirkung auf uns, indem es unsere Affekte beeinflusst, je nachdem, was wir dann erkennen und möglicherweise wollen oder ablehnen. Empfindungen regen das abstrahierend-hermeneutische Denken an, indem sie uns unsere Betroffenheit deutlich machen und wir Sinn und Bedeutung finden wollen, und dieses Wollen hat dann ebenfalls eine Wirkung, indem es unsere Empfindungen verändern kann, die zu sinnvolleren Zielen führen können. Gefühle regen das logisch-analytische Denken an, indem sie positive oder negative Erwartungen wecken, sodass wir dieses Erwartete meiden oder erreichen wollen, und dieses Wollen konkretisiert unsere Erwartungen und modifiziert so unsere Gefühle, dass wir unsere Ziele als erreichbar oder unerreichbar einschätzen können. Die Affekte des Denkens lenken unsere Aufmerksamkeit und erinnern uns daran, dass wir etwas wollen, die Empfindungen beim Denken machen uns den Sinn unseres Wollens klar, und die Gefühle dabei deuten auf die Möglichkeiten hin, ob und wie wir eine Handlung durchführen bzw. andere davon überzeugen können, mit uns an einem Strang zu ziehen.

Dem Denken erteilt das Urteilen in dem Kreisprozess Wollen-Urteilen-Denken vom Wollen und damit vom Praktischen her die emotionale Anregung, die im Wollen steckt, und zwar vom Affekt, dass wir etwas beim Denken erkennen sollen, von der Empfindung, dass wir die Bedeutung des Wollens beim Denken für uns begreifen sollen, und von den Gefühlen her, dass wir beim Denken die Möglichkeiten verstehen sollen, die jeweils mit dem Wollen ver-

knüpft sind, sodass jeweils das dialogisch-erkennende, das abstrahierend-hermeneutische und das logisch-analytische Denken angeregt werden. So entsteht auch hier eine Wirkung bzw. eine Wirklichkeit. Das entspricht insgesamt folgendem Zitat: „*So wie die theoretische Urteilskraft zwischen dem Vermögen des Denkens und der
Wirklichkeit* [des Wollens] *vermittelt und so dem Handeln und Denken eine politisch sinnvolle Gestalt verleiht, so vermittelt die praktische Urteilskraft zwischen dem Vermögen des Wollens und der
Wirklichkeit* [des Denkens] *und macht das Wollen dadurch erst po-
litik-, d.h. handlungsfähig.*" (Opstaele, 1999, S. 235) Statt „politisch" und „Politik" könnte man auch „psychotherapeutisch" und
„Psychotherapie" sagen. Das Urteilen vermittelt auf diese Weise
zwischen Denken und Wollen.

Dem Wollen gibt das kritisch-reflektierende Urteilen in
dem Kreisprozess Urteilen-Denken-Wollen zu bedenken, ob es sich
beim Erkennen seiner Ziele nicht täuscht, ob seine Ziele sinnvoll
sind, und ob sie mit angemessenem Aufwand zu erreichen sind, insgesamt also ob es den zu erreichenden Soll-Zustand sich so vorstellt, dass es zu keiner Enttäuschung kommt. Dem theoretischen
Urteilen gibt das praktische Wollen in dem Kreisprozess Wollen-
Denken-Urteilen die Denkanregung, dass ein negatives Urteil nur
über veränderbare Situationsvariablen und ein positives Urteil nur
über Variablen, die aufrechterhalten werden können, von Bedeutung sind. So vermittelt das Denken zwischen Urteilen und Wollen.

Vom theoretischen Denken will das Urteilen in dem Kreisprozess Denken-Wollen-Urteilen möglichst echte und unmittelbare
Informationen über das, was es an Absichten beurteilen soll, und
vom kritischen Urteilen will das Denken in dem Kreisprozess Urtei-
len-Wollen-Denken möglichst echte und unmittelbare Auskunft
darüber, was es bei den Absichten noch zu bedenken gibt. So vermittelt das Wollen zwischen Denken und Urteilen.

Ferner ist klar, dass (1) Wollen und Urteilen das Denken
vermitteln, indem sie sowohl kognitiv-praktisches als auch kriti-
sches Denken bzw. Bedenken anregen können, (2) Denken und
Wollen das Urteilen, indem sie sowohl das Urteilen vom „Bauch"
(eigene praktische Vor- oder Nachteile durch die gewollten Ziele),

vom „Kopf" (eigene theoretische Vor- oder Nachteile) und das durch andere vermittelte (gemeinschaftliche Vor- oder Nachteile) anregen können, und (3) Denken und Urteilen das Wollen, indem sie durch angemessen beurteilte Denkvorgänge kritisch und theoretisch zu ausgereiften Zielvorstellungen des Wollens kommen können. Damit ist aufgezeigt, dass alle drei Funktionen des Denkens, Urteilens und Wollens sich in einem absolut dialektischen Verhältnis befinden, sodass keine davon einen Vorrang vor den anderen besitzt. Da das Denken hauptsächlich theoretisch, das Urteilen teils theoretisch-bestimmend, teils praktisch-reflektierend und das Wollen letztlich praktisch ist, ergibt sich die absolute Vermittlung von Theorie, Praxis und Kritik (als reflektierte Bestimmung und bestimmende Reflexion), sodass keines davon einen Vorrang besitzt.

In dem Kreisprozess Denken-Urteilen-Wollen mit dem bestimmenden Urteilen geht es um Zweckmäßigkeit und darum, was für den Einzelnen gut ist. In dem Kreisprozess Wollen-Urteilen-Denken mit dem reflektierenden Urteilen dagegen, wenn wir unsere Absichten verantwortungsvoll hinterfragen, spielt das Gemeinwohl eine größere Rolle, die Harmonie untereinander, was also unabhängig vom Einzelinteresse für alle möglichst gut ist. Wenn etwas für alle gut ist, dann finden wir das schön. Das stimmt dann mit Kants Definition des Schönen überein: „Schön ist das, was ... gefällt ... ohne alles [Einzel-]Interesse." (Kant, Kritik der Urteilskraft, 1957, S. 357, A 114, B 115) Obwohl ohne Einzelinteresse, soll das Schöne „ein Interesse bewirken" (ebenda, S. 361, A 118, B 120), nämlich ein Interesse an Harmonie in der menschlichen Gemeinschaft.

Mit seiner Kritik der Urteilskraft hat Kant das Problem der Allgemeingültigkeit des Urteilens aufgebracht und gewissermaßen den Ödipus-Konflikt der Psychoanalyse vorweggenommen. Ödipus fällte ein nicht allgemeingültiges Urteil, indem er den König, seinen Vater nicht als König anerkannte, was dazu führte, dass er ihn tötete. Dort, wo Ödipus aufgewachsen war, gab es keine derartige Hierarchie, die einem bestimmten Menschen bestimmte Privilegien einräumte, sodass der Gemeinsinn, den Ödipus entwickelt hatte, ihm das Urteil vermittelte, dass dieser Mann, der sein Vater war, ohne dass Ödipus dies wusste, kein besonderes Recht hatte, und so stieß er ihn beiseite, statt ihm den Weg freizumachen. Der Vater verletzte sich dabei unglücklich und starb. Nachdem Ödipus dann seine Vaterstadt vom Ungeheuer der Sphinx befreit hatte, verlangte das allgemeingültige Urteil, dass er die Königin heiratete. Die „konkrete Allgemeingültigkeit [dieses Urteilens] die [...] nie weiter reichen kann als die Anderen" (Arendt, 2016, S. 570), war im Fall von Ödipus sehr beschränkt. Im Urteil über das Verhalten seines Vaters war sie begrenzt auf die Welt seiner Zieh-Eltern, die einfache Schäfer waren, und im Urteil über seine Heirat auf die der Königin, von der niemand wusste, dass sie die Mutter von Ödipus war, und der Bewohner seiner Vaterstadt, die nur die Befreiung von der Sphinx im Sinn hatten. Entsprechend kann auch eine Ideologie den Gemeinsinn und damit das Urteilen einschränken, man denke nur an das Dritte Reich oder den Stalinismus. Wer in einem kriminellen Milieu aufgewachsen ist, dessen Gemeinsinn und Urteilsvermögen kann ebenfalls getrübt sein und kaum Allgemeingültigkeit besitzen. Hier stellt sich nicht nur wie bei Kant die Frage nach dem Beurteilen des Urteilens, welches ja maßgeblich das Handeln beeinflusst, sondern auch Fragen, wie man mit Menschen umgehen kann und soll, die aufgrund eingeschränkten Urteilsvermögens (auch Obrigkeitshörigkeit ist eine Einschränkung) Verbrechen gegen die Menschheit begehen; und was bedeutet Verbrechen gegen die Menschheit?

Wenn wir nun verstehen würden, wozu bzw. worum willen wir in der Welt sind, das Verstehen des Worumwillens unseres Daseins, wie Heidegger es nennt (Heidegger, 2006), dann könnten wir diese Fragen beantworten, sinnhaft handeln und einen absoluten Anfang machen und so die „zweifache Aporetik ihres [Hannah Arendts] Handlungsbegriffs" (Opstaele, 1999, S. 235) auflösen: Dieses Verstehen müsste echt sein, d.h. in unserem Denken dürften wir uns nicht täuschen, damit unsere theoretisch-bestimmende Urteilkraft nicht einem falschen Wollen die Energie erteilt, und dieses Verstehen müsste unmittelbar sein, durch absolut nichts anderes vermittelt als durch unser Dasein selbst, damit unsere praktisch-reflektierende Urteilskraft nicht einem Denken die Energie erteilt, welches von irgendwelchen Bedingungen abhängt, wodurch ein

Anfang nicht frei bzw. absolut wäre. Mit dem echten und unmittelbaren Verständnis des Worumwillens unseres Daseins, wozu wir in der Welt sind, sind wir bei dem, was ich als die Utopie der vollkommenen Liebe bezeichnet habe (Kolb, 2017a). Uns dieser Utopie immer weiter anzunähern, muss daher unser Ziel sein, um immer mehr ein freies und sinnvolles Leben zu führen. Dies ist übrigens eine zweite Herleitung der Utopie der vollkommenen Liebe als Lebensziel neben meiner ersten in „Dasein, um zu lieben" (ebenda) [31]. In dieser Utopie wäre das Handeln frei, und damit wären „Handeln und Urteilen „keine instrumentellen", nicht durch „Ziele bestimmte" Tätigkeiten" (Opstaele, 1999, S. 236, Fußnote). Wir würden aus Liebe handeln und liebevoll urteilen, und Liebe wäre die einzige Bestimmung unseres Handelns und Urteilens. Je liebevoller unser Urteilen, sei es bestimmend oder reflektierend, desto allgemeingültiger ist es, und danach könnten wir es beurteilen. Entsprechend wüssten wir auch immer besser, was Verbrechen gegen die Menschheit sind, und könnten gemeinsam immer mehr die Einschränkungen unseres Urteilsvermögens beseitigen. Menschen, die solche Verbrechen begangen haben, könnten wir immer besser derart behandeln, dass sie ihre Taten einsehen und sich in die Gemeinschaft integrieren, oder dass wir uns vor ihnen immer liebevoller schützen.

Das Urteilen und Sich-eine-Meinung-Bilden ist für Psychotherapeuten ein besonders wichtiger und auch heikler Prozess (wie oben erwähnt, hielt Freud die „freischwebende Aufmerksamkeit", den neutral beurteilenden Standpunkt eines Betrachters, für eine der wichtigsten und schwierigsten psychotherapeutischen Haltungen): einerseits ist es wichtig, den Standpunkt ihrer Patienten so gut wie möglich einzunehmen (mit dem Verstand verstehen), andererseits dürfen sich Therapeuten dabei selbst nicht verlieren, sondern sollten sich bei alldem eine ganz eigene Meinung bilden, die von eigenen wie von subjektiven Einschränkungen ihrer Patien-

---

[31] Da ich diese Idee der vollkommenen Liebe beim Durcharbeiten von Heideggers „Sein und Zeit" entwickelt habe, zeigt dies die Nähe von Hannah Arendts und Heideggers Denken in puncto sinnvolles Dasein.

ten befreit sind. Das ist der Unterschied zwischen Mitleid und Mitgefühl: beim Mitleid leide ich mit der anderen Person mit und bin
unfähig, mir eine eigene Meinung zu bilden, ich übernehme kritik-
los ihre Meinung und empfinde bzw. leide wie sie, beim Mitgefühl
aber bekomme ich ein zukunftsweisendes Gefühl für die andere
Person und ihre Situation, und dieses eigene Gefühl befähigt mich,
von den Einschränkungen dieser Person befreit (z.B. irgendwelche
Glaubenssätze) ganz spontan darüber zu urteilen[32]. Zum einen ist
dieses Mitgefühl anstelle von Mitleid für ihre eigene psychische Gesundheit entscheidend und Therapeuten können auf diese Weise
mehr Patienten behandeln, ohne allzu sehr darunter leiden zu müssen, und zum andern helfen sie so ihren Patienten am besten. Diese
befinden sich nämlich in einer Ausnahmesituation, in der alle Ge-
wohnheiten und von ihnen gelernten Regeln nichts mehr nützen,
um die immer größer werdenden Probleme, mit denen sie konfrontiert sind, zu bewältigen. Es steht alles für sie auf dem Spiel, und sie
können sich keine richtige Meinung mehr von sich und ihrer Situation bilden, die Grundvoraussetzung dafür, etwas tun zu können,
um an ihrer Situation etwas zu verbessern. Wenn dann Psychotherapeuten ihr Vermögen einsetzen, über Besonderes zu urteilen,
können sie ihre Patienten dadurch anregen, ihr eigenes Urteilsvermögen zu aktivieren. Wenn wir wichtige Maßstäbe für das Urteilen
verloren haben, dann stellt sich für unser Urteilsvermögen erst die
eigentliche Aufgabe, dass wir wieder zu unseren „natürlichen"
Maßstäben zurückfinden, und darum geht es immer dann, wenn
Menschen sich in Krisen befinden. Auch das Beurteilen besonderer
Phänomene, die sich im Verlauf des psychotherapeutischen Prozes-
ses zeigen, ist oft entscheidend für den Erfolg einer Behandlung.
Hier sollte stets ein Meinungsaustausch zwischen Therapeuten und
Patienten möglich sein. Nur so können alle Beteiligten der Gefahr
entgehen, in festliegenden Denkgewohnheiten hängen zu bleiben,
statt sich dem phänomenalen Reichtum aller Lebensprozesse immer mehr zu öffnen. Mit dem Urteil erkämpft sich das Besondere

---

[32] Nachdem eine Patientin über die schlechte Behandlung eines Liebha-
bers geklagt hatte, äußerte ich spontan, anstatt mit ihr deswegen zu leiden: „Dann können Sie auch bei Ihrem Mann bleiben."

neben dem Allgemeinen einen gleichwertigen Platz, und das Wollen erreicht dies für das Spezifische (was spezifisch kann ich selbst und wie kann ich andere überzeugen, mich zu unterstützen?).

12.3. Die Entwicklung geistiger Fähigkeiten

Bei der Frage, was uns überhaupt zum Denken befähigt, meint Kant, dass dies die Einbildungskraft sei, mit deren Hilfe wir Wahrgenommenes „schematisieren". „Somit ist keine Wahrnehmung ohne Einbildungskraft möglich." (Arendt, 2012, S. 127) Meines Erachtens ist es unsere Fähigkeit, Kontingenzen zu entdecken (Fonagy, Gergely, Jurist, & Target, 2008), die Wahrnehmen bzw. etwas als wahr Annehmen ermöglicht. Wir bilden uns ein, dass das, was wir als Kontingenzen entdecken, auch tatsächlich ein wahrer bzw. wirklicher Zusammenhang ist und kein Zufall. Mithilfe dieser Fähigkeit, die vermutlich schon beim Fötus vorhanden ist, entwickeln Kinder von Geburt an ihr Denken, indem sie die Kontingenz von besonderen Sinneseindrücken mit allgemeinen Reaktionen der Mutter oder später anderer Menschen entdecken, dabei Lust empfinden und so z.B. den Sinneseindruck eines speziellen, wahrgenommenen Tisches mit der allgemeinen Reaktion der Lautäußerung verbinden, wenn jemand „Tisch" sagt. Dies ist der Vorgang des von Kant so bezeichneten Schematisierens, und das Schema ist kein Bild, sondern die Verknüpfung vieler besonderer Bilder bzw. Sinneseindrücke mit einer allgemeinen sprachlichen Reaktion anderer. Aufgrund der allgemeinen Reaktion des anderen lernen wir diesen mithilfe der Kontingenzentdeckungsfähigkeit immer besser zu verstehen und mit ihm und anderen zu kommunizieren. Wir lernen so den „sensus communis" bzw. den Gemeinsinn, das bestimmende Urteilen, das Sprechen anderer zu verstehen, lernen Sprache und Denken, was ohne Sprache nicht möglich ist. Auf diese Art begreifen schon Kinder und bilden sich Begriffe bzw. Konzepte von dem, was ihnen in der Welt widerfährt. Durch die Begriffsbildung wird das Denken abgekoppelt von den Sinnen, es ist entsinnlicht. Umgekehrt ist die Sprache nicht nur abstrakt, sondern durch die

Bildung von Metaphern auch bildhaft-sinnlich, und diese Dialektik von Denken und Sprache ermöglicht die Rückkehr vom Abstrakten des Denkens zum Anschaulichen der Sprache, vom Allgemeinen des Denkens zurück zum Besonderen, über das man sprechen und urteilen kann. Ohne Sprechen kein Urteilen. Im Unterschied zum Denken ist dieses bestimmende Urteilen bildhaft-anschaulich. Über das anschauliche Sprechen und Urteilen über etwas Besonderes können wir auch zu einem allgemeinen Urteil kommen, welches reflektierend einzelne Urteile zusammenfasst bzw. repräsentiert. Hier kann übrigens die Kunsttherapie den Menschen helfen, aus einem sinnlosen Denken heraus ins bestimmende oder reflektierende Urteilen zu kommen, um dann neue Zusammenhänge oder eigene Wünsche (wieder) zu entdecken. Manchmal müssen wir uns etwas „ausmalen", um zu einem Urteil zu kommen.

Andererseits entdecken Kinder die Kontingenz von eigenen lustvollen oder schmerzhaften Regungen mit bestimmten besonderen Widerfahrnissen. Indem sie sich davon einen Begriff machen bzw. Konzepte entwickeln, kommen sie zu einem entsinnlicht-reflektierenden Urteilen. Dabei entdecken sie ab einem Alter von etwa vier Jahren Widersprüche zwischen eigenen Meinungen und denen der anderen, dass es auch unangemessenes Wollen und damit unangemessene Urteile gibt, und lernen so das kritisch-reflektierende Urteilen in dem Kreisprozess Wollen-Urteilen-Denken. Hierbei entwickeln sie immer mehr ihre Einbildungskraft, an der Stelle anderer zu urteilen. Das traditionell-bestimmende Denken im Kreisprozess Denken-Urteilen-Wollen kann so durch das kritisch-reflektierende Urteilen ständig reformiert werden. Entsprechend bildet die Einbildungskraft immer mehr den Gemeinsinn um. Beim Urteilen finden wir also zweierlei: hier verschränken sich abstrakt-entsinnlicht „begehrendes Denken" bzw. der Prozess vom Wollen zum Denken, der reflektierendes Urteilen vermittelt, und bildhaft-anschaulich „denkendes Begehren" (Aristoteles, 1985, S. 132, 1139b, 5) bzw. der Prozess vom Denken zum Wollen, der bestimmendes Urteilen vermittelt.

Da die mit Lust verbundene Kontingenzentdeckung der sinnlich-emotionale Ursprung von allen nicht wahrnehmbaren Aktivitäten ist, lohnt es sich, diese näher zu untersuchen. Vor jeder Entdeckung von Kontingenzen entdecken Kinder erst einmal jede Art von Änderungen in ihren Sinneseindrücken, und es sind die mit ihren eigenen Aktivitäten kontingenten Änderungen im Außen, auch Spiegelungen genannt, die ihre besondere Aufmerksamkeit erwecken. Diese Änderungen sind ihnen erst einmal fremd, sie tauchen aus dem Nichts auf und verschwinden wieder im Nichts. Wenn sich eine bestimmte Änderung öfter kontingent wiederholt, freuen sie sich und suchen erwartungsvoll nach weiteren Wiederholungen. In ähnlichem Sinne meint Kierkegaard, dass Wiederholung eine „Erinnerung in Richtung nach vorn" sei. Deshalb „macht die Wiederholung, wenn sie möglich ist, einen Menschen glücklich" (Kierkegaard, 2005). Irgendwann haben wir Menschen dann die Fähigkeit des Denkens und Urteilens entwickelt, mit der wir uns, unabhängig von äußeren Wiederholungen selbst im Sinne von Kierkegaard „glücklich" machen können. Das Sinnlich-Emotionale der Lust war ja auch die Triebfeder der Kontingenzentdeckung. In weiteren Schritten entfremden wir uns immer weiter von „den Einzelerscheinungen der sichtbaren Welt" (Opstaele, 1999, S. 84) und es entsteht „das Bedürfnis, die geistige Entfremdung von der Erscheinungswelt in Gedanken aufzuheben" (ebenda). Dieses Bedürfnis aktiviert die Sinn- und Bedeutungssuche: Die „geistige Zugehörigkeit zur Erscheinungswelt erschafft sich das denkende Ich nun dadurch, dass es das, was die Einzelerscheinungen der sichtbaren Welt verhüllen und folglich der sinnlichen Wahrnehmung nicht zugänglich ist, nämlich das „tieferliegende Verborgene" [Sein, Wesen, Grund], in Gedanken zu erfassen sucht" (ebenda). Irgendwann merken wir dann, dass wir im abstrakt-allgemeinen Denken zu keinem konkreten Ergebnis kommen, und erteilen dieser unfruchtbaren und ineffektiven geistigen Tätigkeit keine Energie mehr, sondern kehren zum konkret Besonderen der Erscheinungswelt zurück, malen uns das vorläufige Ergebnis unseres Denkens aus, machen es wieder bildhaft-sinnlich und urteilen, was daran uns gefällt oder missfällt. Um die Zugehörigkeit zur Welt noch weiter zu festigen, teilen wir unser Urteil anderen mit, sodass die Trennung von geistiger und realer Welt aufgehoben wird. Bei Kindern findet im ersten Lebensjahr ein vergleichbarer Prozess statt, wobei Kleinkinder nicht in eine geistige Welt gehen, sondern in die Welt ihrer Spielsachen, und sie sich in gewisser Weise von ihrer Mutter entfernen (entfremden wäre ein zu starker Ausdruck), bis dann gegen Ende des ersten Lebensjahres eine sogenannte Wiederannäherung an die Mutter erfolgt und die Kinder wieder mehr mit ihrer Mutter teilen möchten.

Etwas weniger interpretierend als im vorigen Abschnitt und mehr beschreibend kann man folgendes festhalten: Nach einer Weile des erkennenden Denkens fangen schon Kinder an, selbständig zu denken, nach-zu-denken im wörtlichen Sinne, indem sie *nach* einem Ereignis sich dieses aus dem Gedächtnis wieder-holen, andere Ereignisse bzw. Erinnerungen darüberlegen, also überlegen, und vergleichen damit zusammenhängende Kontingenzen mit anderen Kontingenzen mit eigenen und fremden Reaktionen, um Sinn und Bedeutung zu finden oder auf logische Schlüssigkeit zu achten. Wir haben es hier also mit abstrakt-hermeneutischem und analytisch-logischem Denken zu tun. Auch das erkennende Denken kann hier dialogisch vertieft werden. Beim Urteilen vom „Bauch" her wie oben beschrieben geschieht nun Folgendes: wir initiieren selbst eine anschauliche Vorstellung aus unserem Gedächtnis von etwas Besonderem, was wir früher einmal mithilfe der drei „objektiven" Sinne Gesichtssinn, Gehör und Tastsinn wahrgenommen, also entsprechende Kontingenzen als wahr angenommen haben. Darauf widerfährt uns kontingent von den beiden „subjektiven" Sinnen her (Geschmacks- und Geruchssinn) oder auch von viszeralen Regungen her eine allgemeine Reaktion in Form von „es-gefällt-mir" (schmeckt, duftet angenehm, fühlt sich gut an) oder „es-gefällt-mir-nicht" (ist ekelhaft, stinkt mir, fühlt sich schlecht an). Mithilfe der Entdeckung dieser Kontingenz kommen wir dann zu unserem Urteil bzw. zu unserer Meinung vom „Bauch" her, die wir dann vom „Kopf" und einem allgemeinen Standpunkt aus noch modifizieren können. Diese Art des Urteilens geschieht aus einer Distanz heraus, was zu nah ist, davon distanzieren wir uns, was zu weit weg ist, holen wir uns aus dem Gedächtnis heran, wir sind dabei gewissermaßen neutrale, unparteiische Zuschauer. Als Handelnde, wenn uns dabei etwas widerfährt, erleben wir eine direkte viszerale Regung, eine Geschmacks- oder Geruchsreaktion und urteilen unmittelbar und direkt. Darüber können wir dann nachdenken und zu einem neutraleren Urteil kommen, indem wir unseren „Kopf" einschalten und/oder uns mit den Urteilen anderer auseinandersetzen, d.h. einen neutraleren Standpunkt einnehmen.

Nicht nur zum Denken, sondern auch zum Urteilen befähigt uns also unsere Kontingenzentdeckungsfähigkeit. Aufgrund der eigenen allgemeinen körperlich-bewussten Reaktion lernen wir mithilfe der Kontingenzentdeckungsfähigkeit uns selbst immer besser verstehen und können etwas von uns selbst (z.B. unsere Emotionen) anderen mitteilen und so verständlich machen. Es gibt Psychotherapeuten, die meinen, jede Beziehung sei Bedürfnisdialog. Ich möchte das präzisieren und sagen, jede Beziehung lebt davon, dass die jeweiligen Partner ihre Urteile bzw. Meinungen miteinander austauschen und so einander immer besser verstehen. Dabei kann man sich über die jeweilige Denkungsart auseinandersetzen, aber über die individuelle emotionale Reaktion kann und sollte man genauso wenig streiten wie über den Geschmack.

Wir haben insgesamt die beiden Variablen „besonders-allgemein" und „widerfahrend-selbstinitiiert". Das erkennend-dialogische Denken kommt zustande durch die Entdeckung der Kontingenz von widerfahrendem oder selbstinitiiertem Besonderen (Sinneseindruck von einem Objekt oder bildhafte Erinnerung und Vorstellung oder eigene Aktivität) und widerfahrendem fremdem Allgemeinen (tatsächliche oder erinnerte Reaktion anderer oder Veränderungen von Dingen) und das reflektierende Urteilen entsprechend durch die Entdeckung der Kontingenz von selbstinitiiertem Besonderen (bildhafte Erinnerung oder Vorstellung) und widerfahrendem eigenen Allgemeinen („Bauch"-, „Kopf"-Reaktion oder Erinnerung oder Vorstellung der Reaktionen von anderen). Die Kontingenzentdeckung zwischen selbst Gedachtem und widerfahrendem Besonderen, wenn man also entdeckt, dass ein Prinzip auf eine

konkrete Situation anwendbar ist, dann kann man bestimmend urteilen. Beim Wollen haben wir die Kontingenz von selbstinitiiertem
Besonderen (bildhafte Erinnerung oder Vorstellung) oder auch von
widerfahrendem Besonderen (Wahrnehmung einer Situation) und
selbstinitiiertem eigenem Allgemeinen (die allgemein-abstrakte
Absicht, etwas bildhaft Konkretes erreichen zu wollen). Wenn „w"
widerfahrend bedeutet, „s" selbstinitiiert, „B" das Besondere und
„f A" das fremde und „e A" das eigene Allgemeine, dann haben wir
die folgenden verschiedenen Kontingenzen: „w B" und aktuelles o-
der erinnertes „w f A" (schematisierendes, erkennendes Denken),
„s B" und aktuelles oder erinnertes „w f A" (selbständiges, selbstinitiiertes erkennendes Denken), „s B" und „w e A" (reflektierendes
Urteilen als Betrachter), „w B" und „w e A" (reflektierendes Urteilen als Handelnder), „w B" und „s A" (bestimmendes Urteilen), („s
B" oder „w B") und „s e A" (Wollen als Betrachter oder als Handelnder).

Mit diesem Schema als Rüstzeug möchte ich mich einem
grundlegenden Problem des Geisteslebens bzw. der nicht wahrnehmbaren Aktivitäten nähern, dem Problem der Freiheit, welches
m.E. kein Philosoph vor Hannah Arendt so scharf formuliert hat. Es
geht nicht einfach nur um die Freiheit, zwischen Alternativen zu
wählen, wie dies im antiken Griechenland ausschließlich betrachtet
wurde (ob diese Freiheit existiert, ist nicht entscheidbar), sondern
darum, den „Abgrund reiner Spontaneität" (Arendt, 2012, S. 133)
zu überwinden, ob es uns Menschen möglich ist, uns frei dafür zu
entscheiden, einen neuen Anfang zu setzen, die Initiative für etwas
Neues zu ergreifen. Mit der Existenz dieser Freiheit steht und fällt
die Frage der Existenz von Spontaneität. Zum erstenmal taucht
diese Möglichkeit bei Paulus auf, als er die Korinther aufforderte,
den alten Sauerteig wegzuwerfen (1 Korinther 5, 7), um einen Neuanfang zu setzen, so wie Jesus es getan habe. Insofern bejaht das
Christentum die Möglichkeit der menschlichen Freiheit bzw. Spontaneität und begründet sie anhand des Beispiels von Jesus. August-
ins Theorie dagegen, „dass der Mensch geschaffen wurde, damit
ein [Neu-]Anfang sei" (De civitate dei, XII, 21), vermittelt uns nicht
die frohe Botschaft, dass wir so frei sein können wie Jesus, sondern

sie „scheint uns nicht mehr zu sagen, als dass wir, kraft unseres Geborenseins, dazu verdammt sind, frei zu sein, ob wir nun die Freiheit lieben oder wegen ihrer Beliebigkeit verabscheuen [...]. Diese Sackgasse, wenn es denn eine ist, kann nicht geöffnet [...] werden – es sei denn durch Anrufung eines anderen geistigen Vermögens [als das des Wollens oder des Denkens]: der Urteilskraft. Eine Untersuchung dieses Vermögens, das nicht weniger geheimnisvoll als das des Anfangens ist, mag uns zumindest verraten, was es mit unseren Empfindungen des Gefallens und Missfallens auf sich hat." (Arendt, 1998, S. 443) Gefallen und Missfallen auf die Spitze getrieben sind Lieben und Hassen, und je mehr wir unser menschliches Dasein lieben, desto eher sind wir frei und können neu beginnen. Lieben ist dabei das echte und unmittelbare Verständnis, sodass unser Urteilen vom „Bauch", vom „Kopf" und vom allgemeinen Standpunkt aus vollkommen übereinstimmt (s. S. 127 f.).

Wenn wir jetzt bei den geistigen Aktivitäten schauen, wann die Eigeninitiative beginnt, wann ein Kind anfängt, selbstinitiierte Aktivitäten zu entwickeln, so geschieht dies zum erstenmal beim Nachdenken, wenn es überlegt, welchen Bezug etwas zu ihm selbst hat, weil es eine Selbstbetroffenheit spürt. Das ist bei der Entdeckung der Kontingenz von selbstinitiiertem Besonderen (etwas Bildhaftes aus dem Gedächtnis wieder-holen oder eine eigene Aktivität) und Allgemein-Widerfahrendem (tatsächliche oder erinnerte fremde Reaktionen) der Fall, z.B. wenn die Mutter mit hoher Stimme das Kind imitiert. Dies ist genau genommen schon eine Vorstufe des Urteilens, man muss nur fremde durch eigene Reaktionen ersetzen, etwa die eigenen Reaktionen auf ein solches imitierendes Verhalten der Mutter (das Kind lacht und freut sich über das soziale Spiegeln der Mutter), und diese sind beim Säugling Lust- und Unlustreaktionen. Damit sind wir an derselben Stelle angekommen wie Hannah Arendt, nämlich beim reflektierenden Urteilen, und haben bei dessen Untersuchung eine Initiative, einen Neubeginn gefunden, nämlich das aktive, selbstinitiierte Herbeiholen von Gedächtnisinhalten, die über die Erinnerung von sozialem Spiegeln bestimmte eigene Reaktionen von Lust und Unlust bei uns auslösen. Dadurch sind wir einerseits in der Lage, unsere Stimmung zu

steuern, je nachdem ob wir uns auf lustauslösende oder unlustaus-
lösende Inhalte konzentrieren, und andererseits können wir unsere
Reaktionen verändern, indem wir uns so oft oder so lange auf bestimmte Inhalte konzentrieren, bis unsere Reaktionen immer mehr
abstumpfen und wir dann nicht nur in der Vorstellung, sondern
auch in der wirklichen Begegnung nicht mehr reagieren. Diese
Selbstbeherrschung ist schon die Möglichkeit von Freiheit, aber
noch nicht die Freiheit eines echten Neubeginns, sie kann höchstens einen Neubeginn vorbereiten.

12.4.   Die menschliche Natur

Es gibt natürlich auch Grenzen dieser Steuerung von Empfindungen des Gefallens und Missfallens, und diese zeigen uns die
Unverfügbarkeit unseres Daseins. Nennen wir diese Unverfügbarkeit bzw. diese Empfindungen die „menschliche Natur", dann konnten wir bisher zeigen, dass sie sich bis zu einem gewissen Grad kul-
tivieren lässt, und bei manchen sind diese Grenzen enger, bei anderen weiter. Absolut beherrschbar ist unsere menschliche Natur
aber nicht. Wer dies behauptet, sollte sich von Duns Scotus einmal
so lange foltern lassen, bis er selbst die Grenzen der Beherrschbar-
keit seiner Natur erfahren hat[33]. Beim Übergang vom bestimmenden Urteilen zum Wollen müssen wir unsere eigenen körperlichen
Reaktionen auf widerfahrendes oder selbstinitiiertes Besonderes
(reale oder bildhaft vorgestellte Erscheinungen) durch selbstinitiiertes Allgemeines bzw. durch Absichten ersetzen, und hier stoßen
wir an dieselben Grenzen unserer menschlichen Natur, sobald wir
diese Absichten praktisch umsetzen wollen. Wir können diese
Grenzen vielleicht eine Weile überschreiten, aber wie beim Foltern
gibt jeder ab einem bestimmten Zeitpunkt auf. Ein Selbstmord ge-

---

[33] Duns Scotus hat gegen die Sophisten, die meinten, man könnte allem
gegenüber Gelassenheit erreichen, argumentiert und vorgeschlagen, sie
sollten sich einmal so lange gelassen foltern lassen, bis sie diese Meinung
lassen.

lingt auch nur dann, wenn wir ihn schnell genug durchführen können, oder wenn wir durch Drogen, aber nur solange sie wirken, extrem abgestumpft und unseren eigenen Regungen gegenüber empfindungslos geworden sind. Innerhalb gewisser Grenzen lässt sich die menschliche Natur also beherrschen.

Wenn wir Kant fragen würden, was denn diese Grenzen sind, so würde er wahrscheinlich antworten, dass dies die Grenzen der praktischen Vernunft seien, also die der Moral. Hannah Arendt würde dagegen einwenden, dass das Phänomen totalitärer Herrschaft, das wir in Nazi-Deutschland gehabt hatten, dem widerspreche. Anhand meiner obigen Ausführungen kann ich entgegnen, dass in der Zeit vor dem Nazi-Regime schlimme Zeiten geherrscht hatten und die Menschen gegenüber Terror und Gewalt entsprechend abgestumpft waren, sodass ihre Natur demgegenüber nicht mehr intakt und damit durch Moral nicht mehr beherrschbar war. Teils waren die Menschen abgestumpft, teils haben sie auch verdrängt, d.h. weder selbstständig gedacht noch sich ein eigenes Urteil gebildet. Das gilt auch für Hitler selbst, der von seinem Vater aufs Schlimmste misshandelt und von seiner Mutter im Stich gelassen worden war – insofern war er abgestumpft – und eigenes Denken und Urteilen hatte er immer mehr verdrängt und durch eine starre Ideologie ersetzt. Anhand der Geschichte kann man zeigen, dass totalitäre Herrschaft sich auf Dauer nicht halten kann, nach ein bis zwei Generationen waren die totalitäre Herrschaft von Stalin und Mao Zedong überwunden, und auch ohne die Niederlage Deutschlands im 2. Weltkrieg hätte die Nazi-Herrschaft bestimmt nicht „Tausend Jahre" gedauert. Insofern gilt dasselbe wie oben, dass sich die menschliche Natur oder die praktische Vernunft nicht auf Dauer unterdrücken lässt.

Unser ablehnendes Empfinden gegenüber Grausamkeit setzt sich früher oder später immer durch, oder: wenn wir wichtige Maßstäbe für das Urteilen verloren haben, weil wir aufgrund einer Ideologie uns nicht mehr trauen, reflektierend zu urteilen, wie etwa die Menschen unter der Nazi-Herrschaft, dann stellt sich für unser reflektierendes Urteilsvermögen erst die eigentliche Aufgabe, dass wir wieder zu unseren „natürlichen" Maßstäben zurückfinden. Dies gelingt in einer Gemeinschaft umso besser und schneller, wenn die Betreffenden ihre Meinungen miteinander austauschen können, ohne Sanktionen fürchten zu müssen. Das zeigt z.B. der Milgram-Versuch, bei dem die Versuchspersonen sich deutlich weniger von einer Autorität zu grausamem Verhalten drängen ließen, wenn eine andere anwesende Person solches Verhalten verurteilte.

Im subjektiv-individuellen verbunden mit rational-regelgeleitetem bestimmendem oder reflektierenden Urteilen und dem Einnehmen eines allgemeinen Standpunkts, wenn wir also alle oben beschriebenen Quellen des Urteilens benutzen, „Bauch", „Kopf" und den generellen Standpunkt bzw. den Meinungsaustausch, darin liegt die Möglichkeit der Freiheit, sodass wir sogar eine totalitäre Herrschaft überwinden und einen Neubeginn starten können. Was das Beherrschen anderer oder von uns selbst betrifft, so gilt, dass wir die menschliche Natur nur dadurch beherrschen können, dass wir ihr folgen, und das kann z.B. gelingen durch das Urteilen, das gleichermaßen von „Kopf", „Bauch" und einem neutralen Standpunkt aus bzw. durch Meinungsaustausch geleitet wird.

Was die menschliche Freiheit betrifft, so können wir mit Kant sagen, wenn wir die Grenzen der praktischen Vernunft einhalten, dann ist Freiheit möglich, denn beim kategorischen Imperativ sind alle drei Quellen des Urteilens gleichberechtigt verbunden (wir nehmen uns vor, nach einer Maxime zu handeln, die einerseits unserem eigenen Geschmack entspricht, also unserem „Bauch", die als Maxime widerspruchsfrei sein sollte und damit auch vom „Kopf" geleitet, und wir nehmen einen allgemeinen Standpunkt ein, indem wir wünschen, dass alle nach unserer Maxime handeln). Wie ich schon früher festgestellt habe, ist das utopische Ziel der vollkommenen Liebe die vom Dasein selbst bezeugte Erfüllungsgestalt (Kolb, 2017a) und gehört damit zur menschlichen Natur, d.h. wenn wir unsere Liebesfähigkeit immer weiter entwickeln, beherrschen wir immer mehr unsere menschliche Natur, da wir ihr ja folgen, und gewinnen so immer mehr die Freiheit eines Neubeginns, sowie die gleichberechtigte Verbindung der drei Quellen des Urteilens. Auf diese Weise können wir immer mehr unser Dasein dankbar annehmen sowie unsere weltlichen Angelegenheiten bejahen.

12.5.   Sich vertraut machen und lieben

Wenn wir noch einmal genauer die Entwicklung von Kindern betrachten und, wie sich ihr Urteilsvermögen heranbildet, dann lassen sich bestimmte Prinzipien erkennen, die sich durch den Meinungsaustausch in der Mutter-Kind-Beziehung und dem praktischen Lernen von Regeln und Maßstäben entwickeln können. Ich habe dies im 6. Kapitel von „Natur und Liebe" beschrieben (Kolb, 2017e, S. 102 ff.) und habe sie dort als ethische Prinzipien bezeichnet, im Grunde aber sind es Prinzipien des Urteilens, die in unserem menschlichen Dasein bezeugt sind, sodass man sie als „natürliche" Maßstäbe unseres Urteilsvermögens bezeichnen kann. Es sind dies das Prinzip der Leidminderung, das Prinzip der Fairness, das Prinzip der Rangordnung (sich nach erfahreneren Menschen richten und sie dafür achten), das Prinzip der Treue und Zuverlässigkeit (z.B. Versprechen halten) und das Prinzip der Reinhaltung von Beziehungen (Konflikte soweit lösen, dass man sich vertragen kann), die sich in dieser Reihenfolge auch entwickeln, da sie aufeinander aufbauen. Bei diesen Prinzipien zeigen sich in den jeweiligen Urteilen noch andere Emotionen (ebenda) außer Lust und Unlust, die Gefallen und Missfallen weiter differenzieren, nämlich Emotionen von Wut (Fairness), Angst (Rangfolge), Trauer (Treue) und Wertschätzung (Reinhaltung). Im optimalen Fall gewinnt ein Kind in den ersten Beziehungen mit anderen immer mehr Vertrauen und damit die Freiheit, von sich aus etwas zu beginnen, wenn es sich an diese Prinzipien hält. Je mehr wir einen bestimmten anderen verstehen, desto eher können wir uns diesem gegenüber an diese Prinzipien bei unseren Urteilen, Meinungen und Handlungen halten. Insofern sind wir mit uns vertrauten Menschen viel freier in unserem Urteil und Handeln als bei Fremden. Diese Betrachtungen zu unserer Urteilskraft sind vielleicht das, was Hannah Arendt noch gefehlt hat,

um aus der Sackgasse herauszufinden, dass wir zur Freiheit verdammt sind, „ob wir nun die Freiheit lieben oder wegen ihrer Beliebigkeit verabscheuen" (Arendt, 1998, S. 443).

Je mehr wir uns mit anderen und vor allem auch mit andersartigen Menschen vertraut machen, desto mehr werden wir
die Freiheit lieben und immer mehr die Erfahrung machen, dass die
Beliebigkeit, die wir vielleicht fürchten und verabscheuen, gar nicht
so groß ist, da wir merken, dass wir auf der Ebene der Empfindungen bzw. der Selbstbetroffenheit sehr ähnlich sind, und hier bilden
wir ja unsere subjektiv-individuellen Meinungen, die sich meist nur
aufgrund unterschiedlicher Denkungsarten unterscheiden. Damit
haben wir einen Weg, unsere „Gebürtlichkeit" und die damit verbundene Freiheit immer mehr zu bejahen, und der Meinungsaustausch ist eine notwendige Bedingung für diesen Weg. So betrachtet werden wir zwar auf die Erde geworfen (Heidegger, 2006) wie
alle Lebewesen, aber über den Meinungsaustausch in eine menschliche Welt geleitet. Die Motivation, diesen Weg einzuschlagen, die
Hoffnung, dass ein derartiges Vorhaben gelingen kann, gewinnen
wir durch entsprechende Vorbilder. „[...] die einzige Weise, in der
menschliche Freiheit wahrhaft bejaht werden kann, besteht darin,
den freien Handlungen der Menschen, indem man über sie nachdenkt und urteilt, ein Wohlgefallen zu entlocken" (Arendt, 2012, S.
176). Für gläubige Christen waren bzw. sind dies die freien Handlungen von Jesus, der es z.B. wagte, das Tempelopfer durch das Lie-
besmahl, die Agape des Abendmahls zu ersetzen, obwohl er sich
dadurch die Todfeindschaft der gesamten jüdischen Priesterschaft
zuzog, und der dabei seine Todfeinde verstand – er hatte sich diese
andersartigen Menschen vertraut gemacht. Entsprechendes finden
wir bei Mohammed, der die Götzenfiguren in Mekka vom Altar der
Kaaba fegte, oder bei Moses, der vor den Pharao trat und den Aus-
zug aus Ägypten verlangte und organisierte. Buddha verließ den Pa-
last seiner Eltern und kehrte nie wieder zurück.

Das Problem hierbei ist nur, dass es ein letztes Urteil nie
geben wird, d.h. auch über das, was z.B. Jesus initiiert hat, über das
Christentum, wird es nie ein letztes Urteil geben. Während des
Dreißigjährigen Kriegs wäre das Urteil vernichtend gewesen, heute

ist es auch kritisch nach den vielen sexuellen Missbrauchstaten von Priestern. Im Daoismus gibt es eine entsprechende Geschichte: Einem Bauern läuft sein Pferd davon in die Wildnis. „Was für ein Pech!", urteilen die Leute. Der Bauer zuckt mit den Achseln: „Glück, Pech, wer weiß!" Einen Tag später kommt das Pferd zurück, und drei Wildpferde folgen ihm. „Was für ein Glück!", urteilen die Leute. Der Bauer zuckt mit den Achseln: „Glück, Pech, wer weiß!" Wieder einen Tag später versucht der Sohn des Bauern eines der Wildpferde zu zähmen, wird aber abgeworfen und bricht sich das Bein. „Was für ein Pech!", meinen die Leute. Der Bauer zuckt mit den Achseln: „Glück, Pech, wer weiß!" Wieder einen Tag später kommen die Boten des Königs, der Krieg führen will, und alle jungen Männer des Dorfes müssen zu den Soldaten bis auf einen. „Was für ein Glück!", meinen die Leute. Der Bauer zuckt mit den Achseln: „Glück, Pech, wer weiß!" Und so könnte man immer weitererzählen. Diese Überlegungen über Beurteilungen anhand des daoistischen Beispiels mögen vielleicht enttäuschend sein, andererseits machen sie jeden einzelnen von uns unabhängig von Vorbildern und geben uns die Freiheit, unseren eigenen Weg in die Freiheit zu finden und diese zu bejahen. Befreit von irgendwelchen Doktrinen und ihrer „Magie", ihren „Zaubersprüchen", allein „vor der Natur" zu stehen, unter dieser Bedingung meint Faust (Zweiter Teil, 5. Akt, 11404 – 7), sei es der Mühe wert, ein Mensch zu sein und sich ins Freie zu kämpfen. Wir schmälern die besondere Leistung von Jesus, wenn wir sie in den Lauf der Geschichte und in einen Fortschrittsglauben einbinden, denn für deren Verlauf und für Fortschritt sind andere verantwortlich. Wir können Jesus als Vorbild nehmen, ohne uns von seiner besonderen Lebensweise abhängig zu machen. Sein Beispiel mag zeigen, dass es prinzipiell möglich ist, sich ins Freie zu kämpfen, aber den jeweiligen Weg muss jeder für sich und in seiner Gemeinschaft und Umwelt finden, zu dieser Würde sind wir vielleicht verdammt, dazu werden wir immer wieder durch bestimmte Widerfahrnisse aufgefordert, und es liegt ganz frei an jedem einzelnen von uns, ob er oder sie diese Würde und Freiheit bejaht und als Herausforderung annimmt oder nicht.

12.6.   Freiheit des Willens

Eine andere Art, über Freiheit nachzudenken, ist folgende: Indem das Ich-will vermittelt wird durch das Ich-denke und das Ich-beurteile, erkennt man das Problem mit dem Willen dadurch, dass daraus folgt, dass die beiden auch das Ich-will-nicht und das Ich-will-anderes (irgendeine Alternative) vermitteln können. Da genau darin die notwendige Freiheit des Willens besteht, wird auch diese problematisch. Meines Erachtens lässt sich dies folgendermaßen lösen oder erklären: wir müssen nur einmal unseren Bewegungsapparat betrachten, um festzustellen, dass jedem Muskel ein Antagonist zugeordnet werden kann, sodass wir sehr fein abgestimmte und koordinierte Bewegungen ausführen können, die wir jederzeit ändern können. Insofern ist jede Bewegung unseres Körpers ein kontingentes Zusammentreffen verschiedener Ursachen, und je nachdem, in welchem Zustand sich die verschiedenen Muskeln befinden, verläuft die Bewegung anders. Entsprechendes gilt für den Willen: wir brauchen seine Alternativen, um lebendig zu sein und uns an veränderte Umstände jederzeit flexibel anzupassen. Jede Handlung, die von unserem Willen in Gang gesetzt wurde, wird während des gesamten Ablaufs durch das kontingente Zusammentreffen unseres ursprünglichen Willens mit all seinen Alternativen, die uns unser Denken und unser Urteilen zur Verfügung stellen, mitverursacht, wobei selbstverständlich noch andere Faktoren und Einflüsse eine verursachende Rolle spielen können. Je nachdem, in welchem Zustand unsere geistigen Prozesse und Fähigkeiten sich gerade befinden, kann solch ein Handlungsablauf sehr unterschiedlich verlaufen, einmal ganz abgesehen von anderen Faktoren und Einflüssen. Je besser wir die Wirkung der verschiedenen Ursachen vom Denken her erkennen und vom Urteilen her bewerten können, desto wirkungsvoller können wir unsere jeweiligen Handlungen steuern. Dabei können uns nur gewisse emotionale Prozesse behindern, nämlich die mit jedem Wollen verknüpften Gefühle von Hoffnung und Furcht, die mit konkreten Erwartungen zu tun haben, oder Empfindungen von Angst und Gier, die sich auf unser individuelles Dasein beziehen.

Die Frage danach, woher unser Wille kommt, lässt sich damit beantworten, dass wir lebendig sind und Lebenswillen haben. Aus unserer Lebendigkeit entspringt der Lebenswille und der Wille zu sterben (bei allen Aktivitäten riskieren wir zu sterben; wenn wir nicht auch zu sterben riskieren würden, würden wir nichts tun, wären nicht mehr lebendig, und was wir billigend in Kauf nehmen, dafür gibt es auch einen Willen, und dafür können wir auch verantwortlich gemacht werden), woher dann jeweils jeder andere Wille kommt, aber aus unserer Lebendigkeit entspringt zugleich auch das Denken und das Urteilen. Unsere Lebendigkeit bündelt Denken, Urteilen und Wollen zu einer Einheit zusammen, und wir bringen dadurch etwas Neues in die Welt und nehmen so Einfluss. Wir denken und urteilen und wollen Einfluss nehmen.

Da das utopische Ziel der vollkommenen Liebe in unserem lebendig sich entwickelnden Dasein bezeugt ist, wie ich zeigen konnte (Kolb, 2017a), bedeutet Lebendigkeit bzw. das Hineingehen in die Welt die stetige Weiterentwicklung unserer Liebesfähigkeit. Daher hat jeder von uns den Willen, immer vollkommener zu lieben, aber auch das Gegenteil, immer weniger oder überhaupt nicht zu lieben. Da wir nicht wissen und auch nicht wissen können, was vollkommene Liebe tatsächlich ist, haben wir so die nötige Flexibilität, um auf dem Weg zur vollkommenen Liebe zu sein, auch wenn sich dies teilweise wie ein Blindflug anfühlt mit Versuch und Irrtum.

Der Wille mit seiner Ambivalenz und Spannung entspannt sich, wenn auch nur kurz, beim Handeln, z.B. wenn wir unsere Freiheit ausleben wollen, eine Initiative zu ergreifen, und unsere Liebesfähigkeit kann sich nur dadurch weiterentwickeln. Insgesamt also lässt die Spannung nach, wenn wir aktiv werden und mit unserer Umwelt interagieren, und nur so kann das Verständnis des Worumwillens unseres menschlichen Daseins immer echter und unmittelbarer, unsere Liebe immer vollkommener werden. Da die Zukunft ungewiss ist und uns ständig auffordert, etwas aus unserer restlichen Lebenszeit zu machen, sind wir von unserem Willen her in dauernder Anspannung, die erst dann zu einer vollkommenen Entspannung kommen würde, wenn wir die vollkommene Liebe erreicht hätten, d.h. wenn wir das Worumwillen unseres menschlichen Daseins echt und unmittelbar verstehen würden. Wir kommen immer mehr zu einer relativen Entspannung, je mehr wir auf dem Weg zur vollkommenen Liebe vorankommen. Dann kommen wir im Denken, Urteilen und Wollen immer mehr zu geistigen Aktivitäten und Handlungen ohne irgendeinen Zwang. Wollen, Urteilen und Denken verwandeln sich immer mehr in die Lebendigkeit der vollkommenen Liebe.

In einem totalitären System sind eigenes Denken und Urteilen strikt verboten, und die meisten befinden sich mehr oder weniger in einem Wahn, bei dem die Realität mit aller Gewalt nach der herrschenden Ideologie des Führers gestaltet werden soll. Es zählt nur noch sein Wille, und der Spuk ist urplötzlich verschwunden, sobald er gestorben ist (nach dem Tod Hitlers fiel der ganze Fanatismus von den SS-Leuten ab und sie zwangen weder sich selbst noch irgendjemand anderen mehr, sich aufzuopfern – für wen auch, der „Führer" war ja tot). Es ist wie beim Schach: Ist der König schachmatt, ist das Spiel aus.

Emotional entsteht bei jedem Ich-will eine Anspannung zwischen Furcht und Hoffnung. Je länger diese Anspannung anhält oder je intensiver sie ist, desto mehr leidet der betreffende Mensch darunter. Zu wollen erzeugt früher oder später also Leid – das entspricht in etwa einem der wesentliche Grundannahmen des Buddhismus – obwohl das Wollen auf Erfüllung und Glück ausgerichtet ist. Auch Paulus beschreibt im Zusammenhang mit dem Wollen ein Dilemma, unter dem er litt, nämlich, dass er das Gute wollte, aber das tat, was er hasste. Man kann die Anspannung beim Wollen nur durch Handeln lösen, wenn auch nur für den Augenblick, und dazu ist auch die Handlung geeignet, die man hasst. Kleine Kinder z.B. stellen dann irgendetwas an, wenn sie von ihrer Mutter etwas wollen und sie nicht reagiert. Stumm und damit gewalttätig zu handeln, ist eine häufige Reaktion, wenn man glaubt, keinen Einfluss zu haben.

Die Probleme des Willens und der Freiheit scheinen aus dem Religiösen zu stammen oder dort auf verschiedene Weisen erstmals formuliert worden zu sein. Von daher ist es zumindest lohnend, die dort vorgeschlagenen Lösungen zu betrachten. Einerseits geht es erst einmal darum, das Leid anzunehmen und nicht auf irgendeine Weise zu verdrängen (abspalten, abwehren oder bewältigen, wie es die Psychoanalytiker nennen und ich beschrieben habe als bestimmte Vorgänge beim Denken (Kolb, 2017g, S. 36 ff.)). Judentum, Christentum und Islam setzen dann weiterhin auf Gehorsam gegenüber Gott wie bei Hiob z.B., auf die Liebe zu ihm, die Hingabe an ihn (Islam heißt Hingabe an Allah) oder das Vertrauen auf seine Hilfe und Gnade (Paulus). Im Buddhismus werden bestimmte, mit entsprechendem Gehorsam, Willen und Disziplin ausgeführte Übungen empfohlen, die ebenfalls Liebe, Hingabe und Vertrauen verlangen, wobei ein Glaube an Gott weder gefordert noch abgelehnt wird. Der von mir vorgeschlagene Weg, unsere Liebesfähigkeit immer weiter zu entwickeln (Kolb, 2017a), gründet auf dreierlei: zum einen optimieren wir dabei stetig unser menschliches Dasein (das kann man nachvollziehen, wenn man darüber nachdenkt), zum anderen ist dieser Weg möglich (das ist das Urteil: „Ja, wir können" mit der Emotion der Begeisterung), und drittens ist er in unserem Dasein bezeugt und damit verankert, d.h. im Grunde genommen wollen wir dies, auch wenn wir jederzeit die Wahl haben, uns von diesem Weg und damit von unserem eigentlichen Dasein abzuwenden. Je mehr wir uns der vollkommenen Liebe nähern, desto mehr verringert sich die Anspannung des Wollens zwischen Furcht und Hoffnung und damit auch das Leid.

12.7.   Praktische und geistige Aktivitäten

Ohne Denken könnten Menschen nicht als Menschen leben. Hannah Arendt schreibt, „ohne das Denken ist der menschliche Geist tot" (Arendt, 1998, S. 128), d.h. dann vegetieren wir nur noch so dahin. „Denken als eine Tätigkeit ist so endlos wie das Leben, das es begleitet" (Arendt, 1967, S. 158). Mit beidem entspricht das Denken der sichtbaren bzw. praktischen Aktivität des Arbeitens, wobei wir auch beim Denken jeweils Kraft und Energie <u>verbrauchen</u>. Das Urteilen bewahrt uns vor ineffektiven Gedankenaktivitäten und schlechten Absichten, effektiviert unser Denken und macht unser Denken verantwortungsvoller und umsichtiger, so wie das Herstellen das Arbeiten erleichtert und ökonomischer macht, wobei wir das gewonnene Urteil wie das Hergestellte <u>gebrauchen</u> und z.B. wie ein Werkzeug als Regel beibehalten, und das Wollen setzt Prioritäten und gibt dem Urteilen erst einen Sinn, ähnlich wie das zwischenmenschliche Handeln dem Herstellen einer menschlichen Welt erst einen Sinn gibt.

Nichts zu wollen, ist sehr schwer, selbst im größten Glück wollen wir es mit jemandem teilen oder es ganz für uns behalten, aber, nichts zu wollen, ist nicht unmöglich. Etwas nicht zu beurteilen, ist schon deutlich schwerer, aber ebenfalls möglich. Am schwierigsten und vielleicht sogar unmöglich ist es, dauerhaft nicht zu denken. Nach der Lehre des Buddhismus wäre man dann ein erleuchteter Bodhisattwa. Selbst kurze Zeit von etwa drei bis fünf Minuten nicht zu denken (und dabei das Ausatmen bis 20 zu zählen), was im Zen einem Satori entspricht, erreichen nur die wenigsten. Auch hier gibt es Parallelen zu den entsprechenden sichtbaren bzw. praktischen Aktivitäten: Nicht zu handeln, als Gruppe von Menschen dauerhaft nicht aufeinander zu reagieren, ist schwer, aber nicht unmöglich wie z.B. in Klöstern mit entsprechender Ordensregel. Keinerlei Werkzeuge und auch sonstige Zivilisationsgegenstände nicht zu benutzen, ist deutlich schwerer, aber in bestimmten Gegenden vielleicht möglich als gemeinsames Robinson-Crusoe-Abenteuer. Aber dauerhaft als autarke Gruppe nicht zu arbeiten, führt zum Tod. Wenn Descartes Denken und Existieren auf eine Stufe stellt, so ist dies gar nicht so abwegig.

Die Parallelen zwischen praktischen und geistigen Aktivitäten gehen aber noch weiter: das Urteilen löst, indem es bestimmte Regeln auch beim Denken aufstellt, das Hauptproblem beim Denken, dass es sich im Kreis dreht und ineffektiv wird bzw. „unhandlich", d.h. für unser Handeln irrelevant (s. 11.1, S. 83). Das Herstellen erleichtert ja auch das Arbeiten und löst auch dort Effektivitätsprobleme bzw. das Hauptproblem der Mühsal des Arbeitens. Und erst durch das Wollen bekommt das Urteilen seinen Sinn und bleibt keine wirkungslose „Wirtshauspolitik", so wie das zwischenmenschliche Handeln erst das Herstellen einer Zivilisation und künstlich-menschlichen Welt sinnvoll macht. Was für einen Sinn würde es machen, ein großes Haus zu bauen, wenn Menschen dort nicht zusammenwohnen und miteinander auskommen würden. Ferner spielen sich Denken und Arbeiten im Privaten ab, während Herstellen und Urteilen auf den Austausch mit anderen angewiesen sind, damit eine Entwicklung möglich ist. Dagegen sind (Einfluss nehmen) Wollen und (zwischenmenschliches) Handeln ohne einen öffentlichen Bereich, ohne Gemeinschaft unmöglich.

Beim Wollen gibt es dieselben beiden Probleme wie beim Handeln: erstens wissen wir nicht, was am Ende dabei herauskommt, allein wenn andere vermuten, dass und/oder was wir etwa wollen, und zweitens können wir die Wirkung auf andere nicht ungeschehen machen, sobald sie nur glauben, unsere Absichten erraten zu haben. Wir können dann vielleicht Missverständnisse klären, aber nur dadurch, dass wir unser Wollen mitteilen, und dann können wir dies nicht mehr ungeschehen machen. Dies zeigt erneut, wie ambivalent und stresserzeugend sowohl das Wollen als auch das zwischenmenschliche Handeln sind.

Denken, Urteilen und Wollen sind aber nicht nur zum Überleben da, im Rahmen eines zwischenmenschlichen Handelns dienen sie auch dem Spielen mit anderen und dem Spielen mit sich selbst. Zu letzterem gehören Aktivitäten wie die Kontemplation, das Meditieren, Beten, Entspannen, Tagträumen und Selbsthypnose. Spiel ist hier in der Bedeutung sehr allgemein gehalten wie die Sprachspiele bei Wittgenstein (Wittgenstein, 2001). Philosophieren ist somit ein spezielles Denkspiel, welches die Philosophen betreiben wollen und an dem sie Geschmack gefunden haben, d.h. für sich als positiv beurteilen. Es gibt auch logische Begründungen, warum man an diesem Denkspiel teilnehmen sollte, und zumindest unter Philosophen existiert ein genereller Standpunkt, von dem aus das Philosophieren positiv beurteilt wird.

Der Unterschied zwischen einem tyrannischen und einem totalitären System lässt sich mithilfe von Denken, Urteilen und Wollen so beschreiben: ein Tyrann lässt andere für sich denken und teilweise sogar urteilen, bevor er selbst denkt und urteilt und dann weiß, was er will, wobei er sich über die Meinung anderer auch hinwegsetzt und diejenigen liquidiert, die zu oft nicht seiner Meinung sind. Das ist immer noch menschlich, wenn auch moralisch verwerflich, während ein totalitärer Herrscher weder eigenständig denkt noch urteilt, sondern sich starr an seiner Ideologie ausrichtet und nur denkt und urteilt, was mit ihr konform geht, nur das will, was sie will, und das ist unmenschlich, da es jede Art von zwischenmenschlichem Handeln verhindert. Man könnte sagen, dass Hitler erst in den letzten Stunden seines Lebens wieder menschlich geworden ist, als er Eva Braun geheiratet hat[34]. Entsprechend schreibt auch Hannah Arendt, das „Leben eines Sklavenhalters, eines Ausbeuters, oder eines Parasiten [der andere für sich arbeiten und herstellen lässt] mag moralisch anfechtbar sein, es ist immer noch eine spezifisch menschliche Art und Weise zu existieren" (Arendt, 1967, S. 215). Als Heidegger es selbst miterlebte, dass Hitlers Herrschaft auf dem totalen Willen des „Führers" aufgebaut war, vollzog sich in ihm eine Kehre vom Willen (zum Herrschen) zum Willen des Nicht-Wollens.

Bei allen nicht wahrnehmbaren bzw. geistigen Aktivitäten verwenden wir immer Vergleiche mit wahrnehmbaren, um sie sprachlich zu beschreiben, als ob sie tatsächlich vergleichbar wären. Den einzigen Anhalt, den wir dafür haben, ist, dass bei beiden Arten von Aktivitäten dasselbe Gehirn aktiviert wird und z.B. körperlicher Schmerz und seelische Trauer dieselbe Hirnregion mobilisieren. Vorgestellte Bewegungen aktivieren den motorischen Cortex und vorgestellte Bilder den visuellen. Bei Vorausahnungen wird der sogenannte ACC angeregt, der etwa die Form eines Augapfels besitzt und sich dort hinter der Stirn verbirgt, wo manche vom dritten Auge sprechen. Dass wir sprachlich solche nicht wahrnehmbaren Aktivitäten mit Worten beschreiben, die ursprünglich

---

[34] Siehe Goethes Faust: „Das ewig Weibliche zieht uns hinan."

für wahrnehmbare verwendet wurden, hat also eine gewisse Berechtigung, zumindest scheint es nichts Besseres zu geben.

Die nächste Frage, die sich stellt, ist, ob wir auf diese Weise alle Aktivitäten erfassen können. Dies muss klar verneint werden. Wir können nur das erfassen, was wir wahrnehmen und was wir aus unseren Wahrnehmungen erschließen können, wobei letzteres nur wahrscheinlich ist, also immer mehr oder weniger spekulativ. Die Sozialwissenschaften, die Neurobiologie und die Hirnforschung haben uns insofern schon vieles verständlicher gemacht, dass wir uns selbst und andere viel differenzierter beobachten und wahrnehmen können, aber letzte Gewissheiten über unsere nicht wahrnehmbaren Aktivitäten wird es nie geben.

Weitere Fragen, die sich in diesem Zusammenhang noch stellen, sind, wie das Verhältnis von Aktivität und Inaktivität und von wahrnehmbarer zu nicht wahrnehmbarer Aktivität ist. Wenn ein Lebensprozess zu einem Stillstand gekommen ist, kann er nur in einem begrenzten Zeitrahmen durch etwas Dynamisches wieder in Gang gesetzt werden. Bei uns Menschen finden viele verschiedene Lebensprozesse oder Aktivitäten statt, und manche können längere Zeit pausieren (z.B. im Schlaf) und manche wie das Pulsieren des Herzens müssen ständig ablaufen, sonst ist unser Leben zu Ende, und wir können nur in Ausnahmefällen und nur durch andere wiederbelebt werden. Vollkommene Inaktivität gibt es daher erst im Tod, und alle Aktivitäten, wahrnehmbare wie nicht wahrnehmbare, dienen der Lebenserhaltung, wenn nicht der eigenen, dann der Erhaltung des Lebens von anderen, wenn wir uns für diese opfern. Die einzige Ausnahme hiervon ist der Selbstmord, wobei der Betreffende den Eindruck hat, dass ein lebenswertes Leben sowieso schon vorbei und Lebenserhaltung sinn- und zwecklos ist.

Zum Verhältnis von wahrnehmbaren zu nicht wahrnehmbaren Aktivitäten lässt sich sagen, dass die Aktivitäten, die denselben Hirnbereich aktivieren, einerseits miteinander konkurrieren, andererseits sich aber auch gegenseitig anregen und befruchten. Ich sehe etwas, was mich an etwas anderes erinnert. Solange ich es optisch sehe, kann ich in der vorgestellten Erinnerung z.B. nur hören oder spüren. Erst wenn ich das optische Sehen irgendwie unterdrücken kann, sehe ich auch mit dem sogenannten geistigen Auge. Die lebendigen Prozesse der wahrnehmbaren Aktivitäten können nicht wahrnehmbare Aktivitäten wieder zum Leben erwecken und umgekehrt nicht wahrnehmbare die wahrnehmbaren. Ein Gedanke kann zu einer Handlung führen und eine Handlung zu einem Gedanken. Jede Art von geistiger Tätigkeit behindert oder verhindert praktische Aktivitäten und wird von ihnen behindert oder verhindert insoweit, als die gleichen Hirnareale dabei benutzt werden. Nach Beendigung der jeweiligen Art von Aktivität kann die andere Art angeregt werden. Insofern ist das Verhältnis von Theorie und Praxis, von Philosophie und praktischer Psychologie oder Politik von Konkurrenz und gegenseitiger Anregung geprägt. Dabei spielt immer wieder das Dynamisch-Emotionale bzw. das Wollen und das Urteilen die entscheidende Rolle.

Entsprechend suchen wir Anregungen bei anderen oder in der Welt, indem wir in irgendeiner Art und Weise in Kontakt gehen, oder wir suchen dies bei uns selbst, z.B. in der Meditation, in der Kontemplation, im Gebet oder im Philosophieren. Dabei wollen wir nicht nur einfach lebendig bleiben, sondern suchen nach einem erfüllten Leben. Dazu müssen wir auch unsere nicht sichtbaren Aktivitäten immer weiter verbessern, vom Verstand her immer mehr die Wahrheit erkennen, von der Vernunft her immer mehr Sinn und Bedeutung unserer Existenz finden und immer besser und gewissenhafter den vernommenen Sinn erfüllen. Je echter und unmittelbarer wir so das Worumwillen unseres Daseins verstehen, d.h. je weiter unsere Liebesfähigkeit entwickelt ist (Kolb, 2017a), desto mehr gelingt uns dies. Das in unserem Dasein bezeugte utopische Ziel dabei habe ich vollkommene Liebe genannt (ebenda).

12.8.   Meinung und Handlung

An dieser Stelle, wenn wir das Verhältnis von Denken, Urteilen und Wollen einerseits mit zwischenmenschlichem Handeln andererseits betrachten, stoßen wir auf das Problem, inwieweit wir unsere nicht wahrnehmbaren Aktivitäten öffentlich machen sollen. Kant z.B. steht hier auf dem Standpunkt, dass man anderen seine Meinung mitteilen soll, wenn die entsprechend beurteilten Situationen, Handlungen und deren Ergebnisse diese betreffen. Wenn ich meine Meinung nicht äußere, fühlen sich andere durch meine Handlungen schnell überfahren und widersetzen sich. In diesem Zusammenhang schreibt auch Hannah Arendt, dass Handlungen nur dann dauerhaft etwas bewirken, „wenn Worte und Taten untrennbar miteinander verflochten erscheinen, wo also Worte nicht leer und Taten nicht gewalttätig stumm sind, wo Worte nicht missbraucht werden, um Absichten zu verschleiern, sondern gesprochen sind, um Wirklichkeiten zu enthüllen, und wo Taten nicht missbraucht werden, um zu vergewaltigen und zu zerstören, sondern um neue Bezüge zu etablieren und zu festigen, und damit neue Realitäten zu schaffen" (Arendt, 1967, S. 252). Einerseits ist es wichtig, ineffektive Diskussionen und Streitereien abzubrechen, dies sollte aber nicht gewalttätig stumm geschehen. Wenn in einer psychotherapeutischen Sitzung Patienten therapeutische Deutungen nicht annehmen wollen, kann es sinnvoll sein, eine Auseinandersetzung darüber auf die nächste Sitzung zu verschieben, sodass alle Beteiligten die jeweilige Situation etwas besser verarbeiten können. Dies sollte aber auch so abgesprochen und begründet werden. Auf diese Weise können neue Bezüge etabliert und gefestigt und neue Realitäten damit geschaffen werden. Patienten einfach wortlos wegzuschicken nach dem Motto „Friss, Hund, oder stirb", bzw. „Nimm meine Interpretation an, oder die Therapie ist beendet", kann dauerhaft nichts bewirken.

Der Austausch mit anderen hilft nicht nur mir, mein Denken, Urteilen und Wollen immer weiterzuentwickeln, sondern ist auch den anderen gegenüber fair und stärkt deren Vertrauen in mich. Voraussetzung für einen ehrlichen Austausch ist gegenseitiges Vertrauen, was insbesondere in einer psychotherapeutischen Beziehung extrem wichtig ist. Im Politischen bedeutet dies, dass es einen öffentlichen Raum für diesen Austausch geben sollte. „Für Kant ist der Augenblick der Rebellion dann gekommen, wenn die

Meinungsfreiheit abgeschafft wird" (Arendt, 2012, S. 79). Ansons-
ten war Kant dagegen, seine Meinung mit Gewalt durchzusetzen.
So sehr er die Ideen der Französischen Revolution als Zuschauer be-
geistert lobte, so sehr war er gegen die gewaltsame Revolution als
Handlung (ebenda, S. 74 ff.). Dabei machte er zwei wichtige Annahmen (ebenda, S. 79 ff.): zum einen glaubte er an eine Entwicklung
der Menschheit zum Besseren, und zum anderen nahm er an, „dass
das Böse seiner Natur nach sich selbst zerstört" (ebenda, S. 80). Um
Kant zuzustimmen, müsste ich annehmen, dass die Menschheit sich
immer mehr dazu durchringt, ihre Liebesfähigkeit weiterzuentwickeln, und dass diejenigen, die sich dagegen entscheiden, nach und
nach aussterben. Wie am Ende des vorigen Kapitels schon erwähnt,
bin ich der Meinung, dass man Gewalt nur in Notfällen einsetzen
sollte, aber dann auch konsequent, selbst wenn die „Bösen" immer
mehr aussterben und die Menschheit sich in Richtung vollkommener Liebe weiterentwickelt. Für Kant war der Verlust der Meinungsfreiheit ein solcher Notfall. Insofern hätte auch er unter den Nazis
rebelliert. Kant unterschied sehr streng zwischen dem Urteil, welches er sich als Beobachter einer Situation machte, und dem moralischen Handeln in einer Situation. Als Beobachter bewunderte er
z.B. den Mut von manchen „Kriegern" und fand bestimmte kriege-
rische Auseinandersetzungen nötig (ebenda, S. 83 f.), hätte er aber
nach diesem Urteil gehandelt, wäre er sich als Verbrecher vorge-
kommen. Hätte er aufgrund seiner moralischen Einstellung dagegen sein Urteil über einen bestimmten Krieg verworfen, „so wäre
er ein idealistischer Narr geworden" (Arendt, 2012, S. 85). Wir müssen nicht immer tun, was wir meinen.

Wie wichtig der Austausch und die Auseinandersetzung mit
anderen Meinungen ist, und wie verhängnisvoll es sein kann, dies
nicht zu tun, die betreffende Meinung nicht ernst zu nehmen und
sich nicht darum zu kümmern, woher eine erst einmal unverständ-
liche, nicht akzeptable oder zu extreme Meinung kommt, zeigt das
Beispiel der Weimarer Republik, die Hitler und seine in „Mein
Kampf" geäußerte Meinung nicht ernst genommen und ihn unter-
schätzt hat. Um uns mit dem Erfolg der AfD vor allem in der ehe-
maligen DDR auseinanderzusetzen, sollten wir uns z.B. fragen, ob

die von der SED aufgezwungene Fremdenfreundlichkeit gegenüber vietnamesischen und afrikanischen Fremdarbeitern noch nicht verarbeitet ist, anstatt die Meinungen der AfD einfach nur zu ignorieren. Sich Auseinandersetzen und Verstehen sind natürlich anstrengender als Ignorieren.

Da sich, wie oben schon festgestellt, Denken, Urteilen und Wollen in einem absolut dialektischen Verhältnis befinden und damit keines einen Vorrang vor den beiden anderen besitzt, stellt sich mir die Frage, was Hannah Arendt und Sigmund Freud dazu gebracht hat, das Urteilen bzw. die „freischwebende Aufmerksamkeit" so besonders zu betonen, z.B. als die wichtigste psychotherapeutische Haltung bzw., als Hannah Arendt das Urteilen als ein Mittel zum Ausweg aus der Sackgasse bezeichnete, wie Menschen ihre Freiheit annehmen und die weltlichen Angelegenheiten bejahen können. Wenn man bedenkt, dass nur vergangene Geschehnisse beurteilt werden können (zukünftige können wir uns nur vorstellen und müssen sie aus vergangenen konstruieren) und insofern das Urteilen die Gegenwart mit der Zukunft versöhnt, so scheint mir, dass Hannah Arendt mithilfe des Urteilens die schreckliche Vergangenheit der totalen Herrschaft des Nazi-Regimes verarbeiten wollte, um in der Gegenwart die Furcht vor einer Wiederholung (hier klingt Nietzsche an, der sich mit der Wiederholung seiner „ausgepeitschten" Vergangenheit immer wieder konfrontierte, aber auch Freuds Wiederholungszwang) in der Zukunft zu überwinden, eine Furcht, die Bertolt Brecht so artikulierte: „Der Schoß ist fruchtbar noch, aus dem dies kroch." (Schlussworte des Epilogs von „Der aufhaltsame Aufstieg des Arturo Ui") In einer Psychotherapie geht es ja auch um eine Art Aussöhnung mit der Vergangenheit, z.B. mit den Eltern oder sei es, dass man sich eigene Fehler verzeiht, und die entsprechende teilweise unbewusste Furcht vor der Zukunft, dass einem Ähnliches widerfährt. Je größer diese Furcht ist, desto mehr breiten sich Gefühle von Überforderung, Hilflosigkeit und Hoffnungslosigkeit aus, sodass alles sinnlos erscheint und die Menschen nicht mehr handeln wollen bzw. dann meinen, sie könnten nicht. Das ist dann der Tod sinnvoller Politik bzw. eines sinnvollen menschlichen Lebens, der Untergang jeglicher Gemeinschaftlichkeit oder sinnvoller Psychotherapie.

Insofern musste sich Hannah Arendt mit dem Urteilen vorrangig beschäftigen, um als politische Philosophin, wie sie oft bezeichnet wird, sinnvolle Politik zu ermöglichen. Dass sie dies bei ihrem letzten Buchprojekt bis zum Ende aufgeschoben hat, ist verständlich. Sie wollte ihrem Lebenswerk damit die Krone aufsetzen. Tragisch dabei ist nur, dass sie dies nicht mehr erlebt hat. Das ist wie ein Roman mit offenem Ende, den wir Leser nun selbst und allein zu einem befriedigenden Schluss bringen können, sollen, müssen. Mit dem Goethe-Zitat[35] auf dem Titelblatt ihres Manuskripts von „Das Urteilen", das man nach ihrem Tod in ihrer Schreibmaschine eingespannt gefunden hatte, wollte Hannah Arendt wohl ausdrücken, dass wir uns von der Magie und den Zaubersprüchen der Vergangenheit, von dem Bann vergangener Doktrinen, Glaubenssätzen und Ideologien lösen sollen, um die Vergangenheit auf diese Weise zu bewältigen und in der Gegenwart den Weg für eine sinnvolle und menschliche Zukunft zu öffnen.

Als Psychotherapeut muss ich mich ebenfalls mit den Urteilen, Meinungen und Glaubenssätzen meiner Patienten befassen, um den Weg aus ihrer Krise freizumachen für einen Neuanfang in ihrem Leben. Nur wenn ihre Vergangenheit aufgearbeitet und ihre damit verbundenen Gefühle von Überforderung, Hilflosigkeit und Hoffnungslosigkeit überwunden werden können, ist sinnvolle Psychotherapie im Hier und Jetzt möglich. Die Magie und die Zaubersprüche der Vergangenheit, destruktive Botschaften der Eltern z.B., müssen erst einmal entfernt bzw. verlernt werden, dann lohnt sich die Mühe, ein Mensch zu sein und seine Liebesfähigkeit in Zukunft immer weiterzuentwickeln.

---

[35] „Könnt ich Magie von meinem Pfad entfernen,
Die Zaubersprüche ganz und gar verlernen;
Stünd ich, Natur! vor dir, ein Mann allein,
Da wär's der Mühe wert, ein Mensch zu sein."
(Faust, Zweiter Teil, 5. Akt, 11404 – 7)
Im Vers davor heißt es: „Noch hab ich mich ins Freie nicht gekämpft."

Um dazu beizutragen, dass freies (zwischenmenschliches und damit auch immer gemeinschaftliches) Handeln möglich ist und bleibt, sollte Philosophie kritisch vor Gefahren warnen und Beispiele liebevoller Handlungen bewahren und pflegen und so zu einer menschlichen Kultur beitragen, Kultur im wörtlichen Sinn als Pflege menschlicher Angelegenheiten, als Pflege der Humanität. Dies kann nur gelingen mithilfe des Urteilens auf der Grundlage von „Bauch", „Kopf" und dem Einnehmen eines allgemein-neutralen Standpunkts, der möglichst viele Menschen miteinbezieht. Das Urteilen wird so zu einer wahrhaft menschlichen Geistestätigkeit. Dieses Vermögen wie auch die Humanität entwickelt sich niemals von allein und im Getrenntsein von Menschen. Ein solches Urteilen reguliert immer mehr das Denken des Einzelnen, indem es bestimmten Gedanken die Energie entzieht und anderen erteilt, und es lenkt das Wollen in Bahnen, die immer mehr gemeinschaftliches Handeln ermöglichen, indem es Ideen verbreitet, die andere immer mehr überzeugen. Eine entsprechende Philosophie müsste mit Beispielen gespickt sein, mit philosophischen Erzählungen, die uns mit der Vergangenheit versöhnen und daraus ihre Schönheit gewinnen. Philosophie wird so zu einer Liebeserklärung an die Welt, weil nur die exemplarischen Erfahrungen in dieser Welt uns Weisheit vermitteln können, sodass, wer die Weisheit liebt (Philosophie heißt ja Liebe zur Weisheit), auch die Welt lieben muss. Wer die Welt nicht liebt, kann auch die Menschen nicht lieben, und das ist „eine Form der Barbarei", wie Hannah Arendt feststellte in „Von der Menschlichkeit in finsteren Zeiten", zitiert nach Opstaele (Opstaele, 1999, S. 211).

Übrigens, wie jeder nachvollziehen mag, so wie das kritisch aufarbeitende Urteilen Gegenwart und Zukunft versöhnen kann, so das kritische Denken über Vorhersagen Vergangenheit und Gegenwart und das kritisch realistische Wollen Vergangenheit und Zukunft. Als Kant sich mit seiner „Kritik der reinen Vernunft" beschäftigte, also mit dem Denken, beschrieb er insbesondere die Grenzen der Erkenntnisfähigkeit, was Sinn und Bedeutung betrifft, sodass weder die Vergangenheit noch die Gegenwart einen Anspruch auf eine richtige Vorhersage der Zukunft mehr erheben und beide, Vergangenheit und Gegenwart, sich daher aussöhnen konnten, was die Vorhersage der Zukunft betrifft. Entsprechend versuchte er in seiner „Kritik der praktischen Vernunft" Grenzen aufzuzeigen, die dem Wollen gesetzt werden sollten, damit wir von der Vergangenheit nicht zu viel verlangen (wir können sie nicht ändern, selbst wenn wir wollten) und von der Zukunft nicht etwas wollen, was nicht dem kategorischen Imperativ entspricht, und sich auch hier zwischen Vergangenheit und Zukunft in der Gegenwart mehr Harmonie entfalten kann. Schließlich ging er in seiner „Kritik der Urteilskraft" an das Problem heran, wie man mit der Vergangenheit umgehen sollte, welche Grenzen es hier gibt und inwieweit die vergangene Geschichte Hoffnung gibt, von der Gegenwart ohne depressive Gefühle (Kant nannte es Melancholie) in die Zukunft zu blicken. An dieser Stelle kritisiert Hannah Arendt Kants Fortschrittsglauben, weil er den Menschen zum Mittel für einen Zweck macht, nämlich für den Fortschritt. Sie braucht keinen Fortschritt, solange nur derart unmenschliche Katastrophen wie eine totalitäre Herrschaft verhindert werden können und es bewundernswerte Geschehnisse in der Vergangenheit gibt, die auch in der Zukunft möglich sind. Dazu ist es nötig und auch hinreichend, unsere Liebesfähigkeit immer weiterzuentwickeln.

13. Zum Begriff der Liebe

Wenn wir begreifen wollen, was in unserer Kultur unter dem Begriff Liebe verstanden wird, um zu einer besseren Umgangsweise mit uns selbst, sowie unter- und miteinander zu finden, müssen wir klären, welche impliziten Vorannahmen bei den verschiedenen Konzeptionen von Liebe vorherrschen und welche Widersprüche es bei diesen Vorannahmen gibt. Denn das Wort Liebe beeinflusst uns in unserem individuellen Denken, im gemeinschaftlichen Verhältnis zu anderen und in unserer spezifischen Wahl unseres Seinkönnens, welches von unseren Fähigkeiten und Fertigkeiten, unseren Positionen und Rollen innerhalb von Gemeinschaften und den Wechselwirkungen zwischen Fähigkeiten und Rollen abhängt. Wenn wir durch die Klärung und eine möglichst weitgehende Beseitigung derartiger Widersprüche unserer Vorannahmen – ein Prozess, der niemals enden wird – immer mehr zu einer Konzeption von Liebe gelangen, die uns eine motivationale und geistigideale Grundlage bietet, derart mit anderen und uns selbst umzugehen, dass wir uns immer weniger täuschen und enttäuscht sind, dann ermöglichen wir immer mehr eine menschliche Welt und erfüllen so den Sinn unseres Daseins.

Den größten Einfluss auf den Begriff Liebe, wie wir ihn verwenden, hat in unserer Kultur das Christentum, schriftlich fixiert zum ersten Mal in den Korintherbriefen von Paulus und später in den vier kanonischen Evangelien (die nicht-kanonischen Evangelien spielen bei uns kaum eine Rolle). Dabei geht es um die Nächstenliebe (Gleichnis vom barmherzigen Samariter), die genauso wie die Selbstliebe sein sollte und die im Unterschied zum Judentum jedem Menschen gilt, dem man begegnet, und die Gottesliebe, die der Nächstenliebe, wenn sie wie die Selbstliebe ist, gleichgestellt ist. Gottesliebe bedeutet hier, möglichst alles zu geben, um ein gottgefälliges Leben zu führen, und gottgefällig bedeutet, den Nächsten und sich selbst gleichermaßen zu lieben. Insofern stehen Nächstenliebe, Selbstliebe und Gottesliebe in einem absolut dialektischen

Verhältnis zueinander, d.h. zwei dieser Begriffe vermitteln den dritten und dieser zwischen den beiden anderen. Damit hat keiner dieser drei Begriffe einen Vorrang vor den anderen. Die Nächstenliebe entspricht dem Daseinsmodus des Genus, die Selbstliebe dem des Individuums und die Gottesliebe dem der Spezies[36]. Letzteres deswegen, weil wir im Modus der Spezies unsere Möglichkeiten des Seinkönnens benutzen können, um ein gottgefälliges Leben zu führen. Diese Möglichkeiten sind uns nach christlichem Glauben von Gott als seine Geschöpfe gegeben (und zwar nicht nur durch Fähigkeiten und Fertigkeiten, die wir entwickeln können, sondern auch durch situative Gegebenheiten, die uns durch die Schöpfung gegeben sind und die wir allein oder in Gemeinschaften gestalten können).

Diese Konzeption der Liebe war in sich widerspruchsfrei, zumindest so, wie ich sie hier vielleicht etwas vereinfacht (oder idealisiert?) dargestellt habe, sie geriet aber in einen zunehmenden Widerspruch mit der Stellung der Frau, die bei Paulus noch dem Mann gleichgestellt war, bis er bei den Korinthern unter Druck geriet und zugab, dass die Frau doch wenigstens ihr Haupt verhüllen solle, wenn sie in der Versammlung prophetisch spreche. Später wurde noch das „Die Frau schweige in der Kirche" hineingemogelt, was sicherlich nicht von Paulus stammte. Die Abwertung der Frauen bedeutete auf einer tieferen Ebene die Ablehnung der Vielfalt der Zugänge zu Gott bzw. der verschiedenen Entwicklungen der Liebesfähigkeit, denn Frauen und Männer haben prinzipiell verschiedene Zugänge zum lebendigen Dasein, da Frauen Kinder bekommen können und Männer nicht. Nach dem Konzil von Nicäa 325

---

[36] Zu den Modalitäten Genus, Individuum und Spezies unseres Daseins: Genus meint unser Dasein als gemeinschaftliche Wesen und unsere Gemeinsamkeiten, wodurch wir Gemeinschaften bilden können, Individuum meint das Dasein als einzelne Wesen und Spezies als handelnde Wesen in bestimmten Rollen und Positionen im Beziehungsgeflecht der jeweiligen Gemeinschaft und deren Umwelt. Alle drei Modalitäten befinden sich in einem absolut dialektischen Verhältnis, d.h. zwei von ihnen vermitteln das dritte und dieses zwischen den beiden anderen.

n. Chr. wurden Häretiker, also Menschen, die einen anderen Zugang zu Gott gefunden hatten, sogar getötet.

Ich will mich, was das Christentum betrifft, an die Einteilung der Entwicklung nach Paradigmen halten, wie sie von Hans Küng (Küng, 1994) vorgenommen und von mir erweitert (Kolb, 2017d) wurde, indem ich die Paradigmen mit den fünf Entwicklungsebenen der Selbstentwicklung (Fonagy, Gergely, Jurist, & Target, 2008) verknüpft habe. Der erste Widerspruch kam also mit dem Paradigmenwechsel vom urchristlich-apokalyptischen zum altkirchlich-hellenistischen Paradigma, indem die Gleichberechtigung unterschiedlicher Entwicklungen der Liebesfähigkeit (symptomatisch dafür die Gleichberechtigung der Frau) innerhalb der Versammlung (Ecclesia) aufgehoben wurde. Bei der frühkindlichen Entwicklung geht es nach dem Übergang von der Ebene des physischen Selbst zum sozialen Selbst um Fairness, und Liebe ohne Fairness ist auch in unserem Alltagsverständnis ein Widerspruch. Diese Widersprüchlichkeit bezüglich der Stellung von Mann und Frau und das Töten von Häretikern im Christentum war noch von außen hineingetragen worden, obwohl die mangelhafte Emanzipation der Frau und die Ausgrenzung Andersdenkender bis heute unser Dasein in der abendländischen Kultur prägt. Die Nächstenliebe wird hier klar eingeschränkt auf die Gruppe der Rechtgläubigen. Die Art, wie man Gott lieben soll, wird hier ebenfalls reglementiert, und die Selbstliebe darf keine eigenen „falschen" Denkweisen tolerieren.

Die nächste Widersprüchlichkeit, wenn ich chronologisch vorgehe, kam vom Kirchenvater Augustinus (354 – 430 n. Chr.), der laut Küng als Vater des nächsten, nämlich des römisch-katholischen Paradigmas gilt. Bei der Selbstentwicklung entspricht dies der Ebene des teleologischen Selbst, wenn ein Kind Aktivitätsreihen aufbaut, bei denen das Ergebnis der einen Aktivität Voraussetzung für die nächste ist. Hier brauchen Kinder Schutz, denn sie können noch nicht ausreichend abschätzen, in welche Gefahren sie sich dabei begeben. Entsprechend predigte auch Augustin, dass die Welt gefährlich sei und man am besten nur auf Gott als Schutz vertrauen solle. Augustin geht aber noch einen Schritt weiter: er verteufelt

die Welt als böse und will den einzelnen zwingen, sich Gott anzu-
vertrauen und seine eigenen Regungen zu unterdrücken. Exemplarisch dafür ist seine Interpretation des Gleichnisses vom Festmahl
(Lukas, 14, 15 – 24), nach dem die Menschen „auf Gassen und an
Zäunen" nicht eingesammelt, sondern gezwungen wurden, am
Festmahl teilzunehmen (das verwendete lateinische Wort cogere
kann mit sammeln, versammeln, aber auch mit zusammentreiben,
zwingen übersetzt werden).

Eigene Initiativen in der Welt sollten unterlassen werden,
man solle nur das von Gott Gegebene benutzen, um zu ihm zurück-
zukehren, eine Entwicklung eigener Fähigkeiten und Fertigkeiten o-
der ein Gestalten der Situation in der Welt hält Augustin für zu gefährlich, man könnte dabei den Versuchungen der Welt erliegen.
Mit der Weltlosigkeit geht so auch eine Selbstverleugnung einher
und damit auch eine Verleugnung des Einzelnen. Der andere wird
nicht mehr in seiner Individualität gesehen, sondern nur als Ge-
schöpf oder Werkzeug Gottes. Einerseits konnte Augustin auf diese
Weise genial den sogenannten Donatistenstreit[37] beilegen, indem
er das Bild der „pilgernden Kirche" entwarf, welche „die Scheidung
von Spreu und Weizen dem letzten Richter überlassen" (Küng,
1994, S. 345) müsse, andererseits bleibt der Einzelne jetzt unbeach-
tet, er werde ausschließlich von Gott betrachtet, der schon von vor-
neherein wisse (Allwissenheit), wer auserwählt sei und gerettet
werde und wer nicht. Dabei vermischt Augustin hier Absolutes
(Gottes Wissen) mit Relativem (menschliche Entwicklung), bzw. er
leugnet das Relative und verabsolutiert den Menschen, der schon
von Anfang an auserwählt ist oder nicht. Dies ist abergläubisch
(Vermischung oder Verwechslung von Relativem und Absolutem)

---

[37] Bei diesem Streit ging es inhaltlich darum, ob die Gültigkeit von gespen-
deter Taufe oder Priesterordination von der Würde des Spenders abhing,
konkret, ob ein von einem Häretiker gespendetes Sakrament wiederholt
werden müsse oder nicht. Die Wirkung eines gespendeten Sakramentes
konnte nach Meinung der Donatisten plötzlich abbrechen, wenn der
Spender sich in einen Häretiker verwandelte. Für Augustin dagegen zählte
der Einzelne nichts, sondern nur das von Gott ihm gegebene Amt, und als
ein derartiges Werkzeug konnte sogar ein Häretiker für Gott nützlich sein.

und schafft Angst und Unsicherheit. Gott wird zum Tyrannen, der willkürlich herrscht und die einen erlöst, die anderen aber verdammt. Mit Liebe hat das nichts mehr zu tun, Liebe ist nach unserem Alltagsverständnis ohne Zwang und Willkür. So wie das Unfaire und die Ablehnung fremder Meinungen, so wirkt auch die augustinische Haltung, andere an der Selbstentfaltung und der Selbstliebe zu hindern und zum angeblich Guten zu zwingen, in unserer Kultur bis heute noch weiter, z.B. wenn wir Kriege führen wie den zweiten Irakkrieg, der wesentlich mehr Leid als etwas Positives gebracht hat (Leidminderung ist das Maß unserer Liebesfähigkeit).

Die nächste Wendung kam im 13. Jahrhundert mit Thomas von Aquin (1225 – 1274 n. Chr.), der eine Synthese mit der Philosophie von Aristoteles anstrebte. Bei Aristoteles soll ja der Einzelne immer tugendhafter werden (Aristoteles, 1985), sodass mit dem Daseinsmodus des Individuums, den Augustin als zu gefährlich ablehnte, auch die Welt wieder zugänglicher wurde. Mit dem aufkommenden Mystizismus wurden bestimmte Glücksmomente auch im Diesseits möglich und vom Sündhaften befreit. Bei dem durch Thomas von Aquin vorbereiteten Übergang zum protestantisch-evangelischen Paradigma, dem bei der kindlichen Entwicklung der Übergang zur Ebene des intentionalen Selbst entspricht, kommt es zur Rückbesinnung auf die ursprünglichen Ziele des Christentums. Insbesondere geht es um die persönliche Beziehung zu Gott, die z.B. durch den Ablass verhindert und durch die Bibelübersetzung von Luther ermöglicht wurde. Die Gottesliebe bekommt wieder persönliche Züge, man soll seine Fähigkeiten und Fertigkeiten entwickeln und die Welt aktiv gestalten, statt sich Mächten wie dem Papst oder dem Kaiser, also weltlicher und geistlicher Macht zu überlassen, die das Vakuum gefüllt hatten, das ihnen die Theologie von Augustin mit der Welt- und Selbstentfremdung geschaffen hatte. Im ursprünglichen Protestantismus allerdings wurde der Daseinsmodus des Individuums und die Selbstliebe übertrieben, indem man weltlichen Erfolg des Einzelnen als Zeichen dafür sah, dass die betreffende Person von Gott geliebt wurde, also Selbstliebe mit Gottesliebe gleichgesetzt wurde. Dadurch geriet die Nächstenliebe immer mehr in den Hintergrund, der Bedürftige war selbst schuld, er wurde von Gott wohl nicht geliebt, was seine Armut allen zeigte. Also war er sündig und musste seine Strafe verbüßen. Man wollte ja Gott nicht ins Handwerk pfuschen. Damit war eine neue Variante der Lieblosigkeit entstanden, die Unbarmherzigkeit bzw. ein Mangel an Nächstenliebe. Im Protestantismus galt die Devise: „Jedem nach seinen Leistungen (aus Selbst- und Gottesliebe, wer viel gibt, um gottgefällig zu leben, soll auch viel bekommen)", was dem Kapitalismus Vorschub leistete. Im römisch-katholischen Paradigma à la Augustin hieß es: „Jeder nach seinen Fähigkeiten (aus Gottesliebe), jedem nach seinen Bedürfnissen (aus Nächstenliebe)", was die Menschen gleich machte (vor Gott waren sie ja gleich), aber ein Machtvakuum schuf, was von einer politischen Elite (Papst und Kardinäle, sowie Kaiser und Adel) ausgefüllt wurde. Hierin ein Parallele zum Sozialismus sowjetischer Prägung zu sehen, liegt nahe. Dort wurde die Gottesliebe durch die Liebe zum Marxismus ersetzt. Für diese Ideologie sollte man auch möglichst alles geben.

Nachdem nun zuerst die Selbstliebe (Augustinus) und dann die Nächstenliebe (Protestantismu) immer weniger beachtet wurde, kam mit der Säkularisierung durch die Aufklärung nun die Gottesliebe an die Reihe, in Zweifel gezogen zu werden, z.B. durch die Theodizee, als man von Gott eine Rechtfertigung verlangte, warum so viel Böses in der Welt geschieht. Die drei Leitwerte der modernen säkularisierten Welt waren Vernunft, Fortschritt und Nationalismus. Die Vernunft appellierte an den Einzelnen, sich selbst zu lieben und daher seine Vernunft zu entwickeln und zu nutzen („Sapere aude! Habe Mut, dich deines eigenen Verstandes zu bedienen!"), der Nationalismus appellierte an die nationale Gemeinschaftlichkeit und unterstützte so die Nächstenliebe, allerdings eingeschränkt auf die eigene Nation, und der Fortschrittsglaube ersetzte die Gottesliebe, dass wir uns nach und nach hier auf Erden ein Paradies erschaffen könnten. Der Fortschrittsglaube war aber sehr fragil: während es beim Gottesglauben tatsächlich möglich schien, dass vor Gott alle Menschen gleich seien, da man vom Jenseits nichts wissen konnte, kam es beim Fortschrittsglauben, für den es kein Jenseits, keinen weiteren Sinn als den Fortschritt selbst und damit auch keine richtige Ethik gab, schnell zu großen Unterschieden zwischen den Menschen. Einige wenige machten sehr große Fortschritte, andere kaum und manche sogar Rückschritte. Das sorgte für Unruhe, und wenn eine wachsende Gruppe einer Nation sich benachteiligt fühlte, konnten Hass, Populismus und Demagogie sich breit machen und aufgrund mangelnder stabiler Ethik, die mit dem Gottesglauben verschwunden war, zu Faschismus und Nationalsozialismus führen. Es musste ein Sündenbock her, ein Feindbild, um den Gott des Fortschritts zu retten. Die christliche Theologie, sowohl die römisch-katholische als auch die protestantisch-evangelische, war durch diese Entwicklung von außen her aufgefordert, zum modernen Paradigma, wie Hans Küng es nennt (Küng, 1994), überzugehen. In der kindlichen Entwicklung entspricht dies der Ebene des repräsentationalen Selbst, wenn Kinder anfangen, sich selbst zu hinterfragen, ob ihre Auffassungen richtig sind. Eine neue Auffassung von Religion und Liebe war auch dringend nötig angesichts zunehmender Religionskritik (z.B. Feuerbach und Marx) und globaler Krisen in der Welt.

Dieser Wechsel, meint Küng, finde in Friedrich Schleiermacher geradezu körperliche Gestalt (ebenda, S. 791). Wenn Schleiermacher Religion als andächtiges Erleben von allem Seienden und Geschehenden in unmittelbarem Anschauen und Fühlen sieht, dann erinnert mich dies sehr an meine Umschreibung vollkommener Liebe als das unmittelbare und echte Verstehen von allem Seienden in seiner Ergriffenheit bzw. in seinem Worumwillen (Kolb, 2017a). Was Küng des Weiteren über den Begriff der Religion bei Schleiermacher ausführt, finde ich ebenfalls in meinen Ausführungen: Das Innewerden des Unendlichen im Endlichen entspricht dem, dass das menschliche Dasein eine Projektion Gottes bzw. des absoluten Nichts in die Endlichkeit ist, und dass der Weg zur vollkommenen Liebe sowohl die absolute Negation, als auch die absolute Bejahung, als auch die absolute Bedeutungslosigkeit des Daseins beinhaltet (ebenda). Bei Schleiermacher ist Religion unabhängig von Metaphysik und Moral, die vollkommene Liebe und der Weg dorthin sind geradezu antimetaphysisch, und je nach Entwicklungsstand kann immer etwas anderes moralisch gut sein in dem

Sinne, dass es die Entwicklung unserer Liebesfähigkeit fördert (ebenda).

Sowohl Schleiermachers theologischer Ansatz als auch meine Daseinsanalyse gehen vom menschlichen Dasein aus und rechtfertigen religiöses Streben vom Menschlichen her (Schleiermacher) bzw. zeigen auf, dass es sinnvoll und im menschlichen Dasein als ganzheitliche Erfüllungsgestalt begründet ist, sich auf den Weg zur vollkommenen Liebe zu machen, d.h. seine Liebesfähigkeit immer weiter zu vervollkommnen. Laut Küng (Küng, 1994, S. 799) entwickelten katholische Theologen etwas Ähnliches in der sogenannten Fundamentaltheologie, die ebenfalls nicht „von oben" mit Dogmen, sondern „von unten", vom Menschlichen her die Theologie begründen.

Genauso wie Schleiermacher die Vorstellung einer „natürlichen Religion" ablehnt, die sich wie von selbst in jedem einzelnen entwickelt, so habe ich ausgeführt, dass der Weg zur vollkommenen Liebe vermittelt werden muss, das menschliche Dasein insgesamt und seine Liebesfähigkeit im Besonderen kann sich nur in einer Gemeinschaft entwickeln (Kolb, 2017a; Kolb, 2017d). Daher sind die einzelnen Religionen zu betrachten und zu analysieren, in welcher Hinsicht sie positiv zur Entwicklung der Liebesfähigkeit beitragen bzw. bei welchen Gegensätzen im Umgang mit der Materie sie zu deren Überwindung beitragen (derartige Gegensätze schaffen nämlich Leid), denn die vollkommene Liebe wäre erst erreicht bei der vollkommenen Überwindung all solcher Gegensätzlichkeiten. Insofern gibt es keine optimale Religion, sondern je nach Entwicklungsstand ist die eine oder andere gerade die beste.

Allein aus diesem Grund sollte keine Religion verurteilt werden, die bestimmten Menschen geholfen hat, die eigene Liebesfähigkeit zu verbessern. Andererseits sollte jeder sich frei fühlen zu wechseln, wenn er sich in seiner bisherigen Religion nicht mehr weiterentwickeln kann. Toleranz und Religionsfreiheit sind daher unabdingbar, sowie ein Dialog zwischen den Religionen, damit jeder sich ein Bild machen kann, um für sich gegebenenfalls eine bessere Unterstützung und Vermittlung der vollkommenen Liebe finden zu können. Da bei einem solchen Wechsel das Kriterium dafür immer die Weiterentwicklung der Liebesfähigkeit sein sollte, sollte ein Wechsel nie rein individuell und willkürlich vollzogen werden, jeder Wechsel sollte immer das unmittelbare und echte Verstehen des Worumwillens von allen Beteiligten und Betroffenen so gut und weitgehend wie möglich mitberücksichtigen. Ein Wechsel mag zwar subjektiv bestimmt sein, ist aber trotzdem objektiv begründet, d.h. man geht vom Subjekt aus, allerdings ohne die Gemeinschaft zu vergessen, bleibt also in diesem Sinne objektiv, ohne Subjektivierung und Anthropologisierung.

In einigen Teilen des Christentums sind salopp gesagt die drei Liebesbegriffe Nächstenliebe, Selbstliebe und Gottesliebe einigermaßen gleichgestellt, aber Augustin und der ursprüngliche Protestantismus entfalten immer noch Wirkung, genauso wie der unreflektierte Fortschrittsglaube, der heute im sogenannten Neodarwinismus einen Ausdruck gefunden hat. Bei meinem Liebesbegriff, den ich oben parallel zu Schleiermacher kurz angerissen habe, entspricht die Nächstenliebe der kommunikativen Solidarität, die Selbstliebe dem eigenen Mitgefühl und Selbstverstehen und der Gottesliebe Engagement im Handeln aus Liebe und ohne Zwang. Aus Liebe zu handeln, bedeutet zum einen, dass die Liebe dabei immer im Vordergrund steht und nichts wichtiger ist – das entspricht dem Gebot des Dekalog, dass man keine anderen Götter neben Gott haben und ihnen dienen soll – zum andern, dass man nicht nach Dogmen oder vorgefassten Vorstellungen, sondern möglichst unmittelbar handeln soll – das entspricht dem, dass man kein Bild von Gott machen soll – und schließlich, dass man möglichst echt dabei ist und z.B. nicht nur vorgibt, aus Liebe zu handeln – das entspricht dem, dass man den Namen Gottes nicht missbrauchen soll. Dass es in unserem Dasein als Sinn bezeugt ist, dass wir immer vollkommener lieben bzw. immer echter und unmittelbarer verstehen, wozu und worum willen wir da sind, konnte ich mithilfe der frühkindlichen Entwicklung aufzeigen (Kolb, 2017a). Daraus folgt insbesondere, dass die wichtige materielle Verankerung für jede Weiterentwicklung unserer Liebesfähigkeit die generelle und die persönliche Leidminderung ist. Daran muss sich alles messen lassen, d.h.

Liebe, die kein Leid mindert, sondern eher noch vermehrt, ist keine Liebe.

Ich denke, dass ich hiermit eine Konzeption von Liebe gefunden habe, die uns eine motivationale und geistig-ideale Grundlage bietet, derart mit anderen und uns selbst umzugehen, dass wir uns immer weniger täuschen und enttäuscht sind und so immer mehr eine menschliche Welt ermöglichen und den Sinn unseres Daseins erfüllen.

14. Selbstfindung

Um sich selbst zu lieben und auch andere in gleicher Weise, muss man sich selbst erst einmal finden. Wer bin ich denn, bin ich wirklich ich selbst, und was ist mein Selbst? Was ich bin, kann ich sprachlich ausdrücken: wenn man die drei grundlegenden Daseinsmodalitäten Genus, Individuum und Spezies[38] nimmt, so kann ich sagen, (1) was ich als Gemeinschaftswesen bin, was ich gemeinsam mit anderen bin, und unsere Gemeinsamkeiten aufzählen, (2) was ich als Einzelner bin, was mich von anderen unterscheidet, meine Besonderheit ausmacht, und (3) welches die Möglichkeiten meines Seinkönnens sind, was ich in bestimmten Positionen und Rollen sein und wie ich entsprechend meiner Fähigkeiten und Fertigkeiten handeln kann.

Wenn ich mich anderen gegenüber sprachlich oder im Handeln zeige, dann enthülle ich indirekt, wer ich bin. Das Paradoxe dabei ist, dass niemand sprachlich ausdrücken kann, wer er oder sie selbst ist, wir können nur formulieren, was man selbst ist. Rein logisch kämen wir dabei auch in einen Widerspruch hinein, denn meine Rede enthüllt, wer ich bin, aber wenn ich dabei auch sagen könnte, wer ich bin, wäre das ein logisch nicht erlaubter Rückbezug. Und wenn ein anderer mir sagt, wer ich bin, d.h. mich interpretiert, dann empfände ich dies als den Versuch einer feindlichen Übernahme, es sei denn, er oder sie will mir helfen und mich auf diese Weise dazu bringen, dass ich mir besser überlege, was ich sage oder mache.

---

[38] Zu den Modalitäten Genus, Individuum und Spezies unseres Daseins: Genus meint unser Dasein als gemeinschaftliche Wesen und unsere Gemeinsamkeiten, wodurch wir Gemeinschaften bilden können, Individuum meint das Dasein als einzelne Wesen und Spezies als handelnde Wesen in bestimmten Rollen und Positionen im Beziehungsgeflecht der jeweiligen Gemeinschaft. Alle drei Modalitäten befinden sich in einem absolut dialektischen Verhältnis, d.h. zwei von ihnen vermitteln das dritte und dieses zwischen den beiden anderen.

Vielleicht ist das daoistische Zitat, „Die Wahrheit, die gesagt werden kann, ist keine Wahrheit", falsch übersetzt und heißt: „Eine echte Aussage darüber, wer jemand ist, ist keine echte Aussage." Dann beschreibt dies nur das „Versagen der Sprache vor dem lebendigen Wesen der Person, das sich im Verlauf des Sprechens und Handelns dauernd zeigt" (Arendt, Vita activa oder Vom tätigen Leben, 1967, S. 223). Die Tragweite dieses Umstands „schließt nämlich prinzipiell die Möglichkeit aus, [... menschliche] Angelegenheiten je so zu handhaben wie Sachen, die uns wesentlich zur Verfügung stehen [..., indem] wir sie benennen" (ebenda).

Über das, wer wir jeweils sind, können wir nicht verfügen, denn es ist uns verborgen, und wir können nur über andere, die bis zu einem gewissen Grad wahrnehmen, wer wir sind, Kenntnis davon bekommen und so mehr über uns erfahren. Dabei geht jeder natürlich ein gewisses Risiko ein, wenn er sich durch Handeln und Sprechen zeigt, denn es können dabei auch Unzulänglichkeiten bekannt werden, von denen der Betreffende nichts weiß und ahnt. In der Öffentlichkeit kann dies zu entsprechenden Unannehmlichkeiten führen, wenn andere diese Schwächen ausnutzen. Hier zeigt sich die Bedeutung des persönlichen Begegnungsraums, in welchem man die Vereinbarung treffen kann, dass aus der persönlichen Begegnung nichts Persönliches vom anderen an die Öffentlichkeit dringen darf, wie dies in Selbsterfahrungsgruppen oder in Psychotherapiegruppen abgemacht wird. Auf diese Weise kann jeder mehr über sich, seine Wirkung auf andere und seine blinden Flecken erfahren, ohne dass dies ausgenutzt wird.

Obwohl wir sagen, jemand habe Eindruck auf uns „gemacht", so ist dieser sprachliche Ausdruck irreführend, denn der andere hat zwar etwas gemacht, aber nicht den Eindruck. Der Eindruck ist durch sein Machen nur entstanden. Wir sagen dann, seine Person habe diesen Eindruck gemacht, und meinen dann, etwas von seiner Person erkannt zu haben, wer er ist. An dem, was er tatsächlich gemacht hat, erkennen wir nur etwas von dem, was er ist. Nun ist aber das Persönliche, wer jemand ist, bzw. seine Person niemals richtig greifbar, weder für andere noch für den Betreffenden selbst. Es geschieht aber etwas, das wirklich und wirksam ist, so dass wir mutmaßen, es komme von seiner Person (von dem, was hindurchtönt, personare = hindurchtönen), von so etwas wie seinem Geist oder seiner Seele, obwohl wir genau genommen keine Ahnung haben. „Wo unsere Sprache uns einen Körper vermuten lässt, und kein Körper ist, dort, möchten wir sagen, sei ein Geist." (§ 36) (Wittgenstein, 2001) Es gibt also vielleicht etwas Persönliches, und wir nennen es Geist, wenn wir beim anderen eine Überlegung, einen Plan oder eine Erwartung bei seinem Handeln und Sprechen vermuten, und wir nennen es Seele, wenn uns scheint, der andere sei dabei von etwas ergriffen. Die Schwierigkeit, die wir damit haben, ist die, dass das Persönliche, wie ich es nennen will, zwar wirklich ist, aber nicht körperlich-materiell, nicht dinglich, sondern prozesshaft als Geschehen, und dass es nicht den logischen Gesetzen der Materie folgt, insbesondere keinen Wenn-Dann-Regeln, es gibt nur Wahrscheinlichkeiten, und wir können froh sein, dass es wenigsten diese gibt, sonst wären wir vollkommen orientierungslos. Wir Menschen sind keine Personen, die man dingfest machen kann, weswegen Heidegger Impersonalsätze verwendete, um unser personales Denken aufzuweichen. Wir sind nicht vorhanden, wie er immer wieder betonte, also vor der Hand eines Handwerkers, wir sind im Wesentlichen prozesshaft, Heidegger nannte es Zeitlichkeit (Heidegger, 2006), vergaß aber dabei die Räumlichkeit. Das Erstaunliche, was sich in der Physik Anfang des 20. Jahrhunderts ergeben hat, ist, dass sogar die Materie zumindest im Mikroskopischen genauso wenig dinghaft ist wie wir, sondern ein unberechenbares Geschehen. Dass wir Menschen das alles nicht wahrhaben wollen, zeigt der Ausspruch Einsteins, der die Quantenphysik ablehnte und meinte, der liebe Gott würfle nicht.

Welches sind nun die kreativen oder produktiven Prozesse, die wir nicht dingfest machen können, die aber unser Selbst bzw. uns als Person ausmachen? Zum einen gibt es hier die Spannung zwischen dem, was jemand exemplarisch über sich selbst erzählt, und dem, was er oder sie tut oder wie sie oder er handelt. Die exemplarische Erzählung ist Teil der Selbstdarstellung gegenüber anderen, die betreffende Person ist dann im Modus des Genus.

Wenn sie dagegen handelt, ist sie im Modus der Spezies. Der produktive Prozess, wenn sie abwechselnd handelt und dann darüber erzählt, vermittelt, wer sie in ihrer Besonderheit als Einzelwesen ist. Das „Ich" ist der oder die exemplarisch Erzählende, die oder der Handelnde ist „es selbst", wobei das „es" dasselbe ist wie in dem Ausdruck „es gibt": „es" gibt das Sein und das Dasein. Aus der Spannung zwischen „Ich", welches sich im Erzählen mitunter lautstark meldet, und „es selbst" entsteht in einem kreativ-produktiven Prozess das „eigene" Selbst, welches auf diese Weise immer wieder neu geboren wird. Daraus erwächst mit der Zeit ein immer besseres Selbstverstehen, welches allerdings erst dann vollkommen wäre, wenn die Spannung zwischen „Ich" und „es selbst" vollkommen überwunden wäre, und zwar in der Utopie eines eigentlichen Daseins, wie Heidegger es nennt (Heidegger, 2006).

Zum anderen verfolgen wir in den verschiedenen Situationen[39], in die wir hineingeraten bzw. hineingeworfen worden sind, wie Heidegger es formuliert (Heidegger, 2006), bestimmte Ziele, die wir teilweise selbst gewählt haben, die uns aber auch von anderen vorgegeben sein können oder Erfordernisse der Umstände der Situation sind. Wir sind „es selbst", die dann in der Verfolgung dieser Ziele in der Welt bzw. mit der Welt konfrontiert sind, aus der heraus uns etwas begegnet oder widerfährt. Andererseits sind wir aber auch „eigens-körperlich" von der Welt, als Einzelne dort gewissermaßen integriert. Die Spannung zwischen dem In-der-Welt-Sein im Modus der Spezies und dem Von-der-Welt-Sein im Modus des Individuums, zwischen dem „es selbst" und dem „eigens Körperlichen", äußert sich in dem kreativen Prozess, wenn wir abwechselnd handeln oder innehalten, reflektieren und die Situation auf

---

[39] Eine Situation ist ein raumzeitlich bezüglich eines Zieles bzw. eines Worumwillens begriffener Zusammenhang, in dem ein Lebewesen innerhalb bestimmter räumlicher und zeitlicher Grenzen bzw. Horizonte materielle Gegensätze unterscheiden bzw. wahrnehmen, Aussichten beurteilen (was auf es zukommen kann) und praktische Zusammenhänge sowohl induktiv als auch deduktiv, als auch conduktiv schlussfolgernd sich erschließen kann, wo etwas im Allgemeinen herkommt, wo etwas im Speziellen hinführen und womit man im Einzelnen zusammengeführt werden kann.

uns körperlich-bewusst wirken lassen. Dies vermittelt dann immer mehr unser „Ich", wer wir als Gemeinschaftswesen sind, die sich auf Gemeinschaft einlassen und uns erzählend austauschen. Im Idealfall wären wir auch hier in der Utopie des eigentlichen Daseins.

Drittens wollen wir von anderen etwas haben, entweder materiell oder als tatkräftige oder moralische Unterstützung. In dieser Hinsicht haften wir in ich-bezogener Weise als Einzelwesen im Modus des Individuums an anderen, sind im „eigens-körperlichen" Sinne an unserem individuellen Wohl interessiert. Andererseits will „Ich" auch entsprechend anderen Menschen etwas geben und bin als „Ich" im Modus des Genus an deren Wohl interessiert. Diese Spannung zwischen Geben und Nehmen, zwischen dem, dass wir im Extremfall „eigens-körperlich" an anderen hängen und klammern, und dem, dass wir als „Ich" ihr Wohl wollen und dies auch sprachlich ausdrücken, ergibt einen produktiven Prozess, der vermittelt, wer wir als handelnde Wesen im Modus der Spezies sind, dass wir „es selbst" sind. Auch dieser Prozess ist auf die Utopie des eigentlichen Daseins ausgerichtet.

Die aufgeführten Prozesse führen immer mehr zu Erkenntnissen darüber, wer ich selbst eigens bin, führen immer mehr zu meinem eigentlichen Selbst bzw. meiner Person, ohne dies allerdings jemals vollkommen zu erreichen. Es handelt sich dabei nur um Näherungsprozesse. Wann aber weiß ich wirklich, wer ich bin, wann habe ich mich endlich eigens selbst gefunden? Die Antwort liegt auf der Hand: meine Selbstfindung wäre dann erfolgreich, wenn die oben beschriebenen Prozesse dadurch beendet wären, dass sie die jeweilige Spannung vollkommen überwunden hätten. Dann verstünde ich auch vollkommen bzw. echt und unmittelbar, wozu und worum willen wir da sind, das Worumwillen unseres Daseins, welches dann eigentlich wäre (Heidegger, 2006). Nach meiner Daseinsanalyse hätten wir dann das utopische Ziel der vollkommen Liebe erreicht (Kolb, 2017a), d.h. die vollkommene Selbstfindung ist die vollkommene Liebe, die die Fremd- und die Selbstliebe gleichermaßen umfasst.

Im Einzelnen bedeutet dies, (1) dass es immer weniger Spannung gibt zwischen dem exemplarischen Erzählen und dem tatsächlichen Handeln (z.B.: ich predige Wasser, trinke aber Wein), nämlich idealerweise dann, „wenn Worte und Taten untrennbar miteinander verflochten erscheinen, wo also Worte nicht leer und Taten nicht gewalttätig stumm sind, wo Worte nicht missbraucht werden, um Absichten zu verschleiern, sondern gesprochen sind, um Wirklichkeiten zu enthüllen, und wo Taten nicht missbraucht werden, um zu vergewaltigen und zu zerstören, sondern um neue Bezüge zu etablieren und zu festigen, und damit neue Realitäten zu schaffen" (Arendt, 1967, S. 252). Ich bin als „eigens-körperliches" Einzelwesen immer wahrhaftiger in diesem Sinne: anstatt etwas zu verschleiern (auch vor mir selbst), verstehe ich mich selbst immer besser. (2) Indem die Spannung im Verhältnis zur Welt im In- und Von-der-Welt-Sein abgebaut werden und das „Eigens-Körperliche" „sich selbst" immer mehr auf andere einlässt, etabliere und festige „Ich eigens körperlich selbst" im exemplarischen Erzähl-Austausch die Beziehungen mit anderen, sodass immer mehr kommunikative Solidarität entsteht. (3) Wenn die Spannung zwischen dem Interesse am „Eigen"-Wohl und am Wohl der anderen immer mehr abnimmt, verringern sich auch Konkurrenz, Neid, Gewalt und Zerstörung, und man handelt als „es selbst" immer engagierter ohne Erfolgszwang. Selbstverstehen im Modus des Individuums, kommunikative Solidarität im Modus des Genus und engagiertes Handeln ohne Zwang im Modus der Spezies sind die drei Kennzeichen unserer Liebesfähigkeit, die es immer mehr zu vervollkommnen gilt, um uns immer näher an die Utopie der vollkommenen Liebe heranzuführen.

Literaturverzeichnis

Arendt, H. (1967). *Vita activa oder Vom tätigen Leben*. München: Piper Verlag GmbH.

Arendt, H. (1986). *Elemente und Ursprünge totaler Herrschaft. Antisemitismus, Imperialismus, totale Herrschaft.* München/Berlin: Piper Verlag GmbH.

Arendt, H. (1998). *Vom Leben des Geistes. Das Denken. Das Wollen.* München Berlin Zürich: Piper Verlag GmbH.

Arendt, H. (2012). *Das Urteilen.* München: Piper Verlag GmbH.

Arendt, H. (2016). *Denktagebuch.* München/Berlin: Piper Verlag GmbH.

Arendt, H. (2017). *Denken ohne Geländer. Texte und Briefe.* München: Piper Verlag GmbH.

Aristoteles. (1985). *Philosophische Bibliothek, Bd. 5, Nikomachische Ethik.* (G. Bien, Hrsg.) Hamburg: Felix Meiner Verlag.

Bercelli, D. (2018). *Körperübungen für die Traumaheilung und zur Stressreduktion im Alltag* (8. Auflage Ausg.). (P. Brandenburg, Übers.) Papenburg: Norddeutsches Institut fü Bioenergetische Analyse e.V. (NIBA).

Buchheim, T. (1994). *Die Vorsokratiker: Ein philosophisches Portrait.* München: C.H. Beck.

Fonagy, P., Gergely, G., Jurist, E. L., & Target, M. (2008). *Affektregulierung, Mentalisierung und die Entwicklung des Selbst.* Stuttgart: Klett-Cotta.

Foucault, M. (2008). *Die Hauptwerke.* Frankfurt am Main: Suhrkamp Verlag.

Heidegger, M. (2006). *Sein und Zeit.* Tübingen: Max Niemeyer Verlag.

Heidegger, M. (2010). *Über den Humanismus.* Frankfurt am Main: Vittorio Klostermann GmbH.

Hisamatsu, S.-i. (2011). Eine Erläuterung des Lin-chi-(=Rinzai)-Zen. In R. Ohashi (Hrsg.), *Die Philosophie der Kyôto-Schule* (K. Tsujimura, & H. Buchner, Übers., S. 218 - 221). Freiburg im Breisgau: Verlag Karl Alber in der Verlag Herder GmbH.

Kant, I. (1788). *Critik der praktischen Vernunft.* Riga: Johann
    Friedrich Hartknoch.
Kant, I. (1957). *Kritik der Urteilskraft* (Bd. V). (W. Weischedel,
    Hrsg.) Wiesbaden: Insel Verlag.
Kierkegaard, S. (2005). *Die Krankheit zum Tode. Furcht und Zittern.*
    Die Wiederholung. Der Begriff der Angst. (H. Diem, & W.
    Rest, Hrsg.) München: Deutscher Taschenbuch Verlag.
Kolb, H.-P. (2017a). *Dasein, um zu lieben. Daseinsanalytische*
    Grundlagen für Psychologie und Psychotherapie (2018
    überarbeitete Fassung). Norderstedt: BoD - Books on
    Demand.
Kolb, H.-P. (2017b). *Rhythmus, Intuition und Liebe. Die Rolle der*
    Körperlichkeit bei der Daseinsanalyse (2018 überarbeitete
    Fassung). Norderstedt: BoD - Books on Demand.
Kolb, H.-P. (2017c). *Liebe, Macht und Sexualität. Wie können wir in*
    diesem Spannungsfeld glücklich werden? (2018
    überarbeitete Fassung). Norderstedt: BoD - Books on
    Demand.
Kolb, H.-P. (2017d). *Religion, Ökumene und Liebe.*
    Daseinsanalytische Religionsphilosophie (2018
    überarbeitete Fassung). Norderstedt: BoD - Books on
    Demand.
Kolb, H.-P. (2017e). *Natur und Liebe. Eine teleologische Konzeption*
    der Konstitution und Entwicklung der Natur (2018
    überarbeitete Fassung). Norderstedt: BoD - Books on
    Demand.
Kolb, H.-P. (2017f). *Liebe und Resonanz. Daseinsanalytische*
    Betrachtungen im Zusammenhang mit Themen der
    Weltbeziehungen (2018 überarbeitete Fassung).
    Norderstedt: BoD - Books on Demand.
Kolb, H.-P. (2017g). *Daseinsanalyse in der Psychotherapie.*
    Liebeserklärungen oder echte und unmittelbare Erfahrung
    von Liebe? (2018 überarbeitete Fassung). Norderstedt:
    BoD - Books on Demand.
Küng, H. (1994). *Das Christentum. Wesen und Geschichte.*
    München: Piper Verlag GmbH.

Miller, A. (1991). *Der gemiedene Schlüssel.* Frankfurt: Suhrkamp Taschenbuch Verlag.

Opstaele, D. J. (1999). *Politik, Geist und Kritik: Eine hermeneutische Rekonstruktion von Hannah Arendts Philosophiebegriff.* Würzburg: Verlag Königshausen & Neumann GmbH.

Rentsch, T. (1999). *Die Konstitution der Moralität: transzendentale Anthropologie und praktische Philosophie.* Frankfurt am Main: Suhrkamp-Taschenbuch Wissenschaft.

Schmitz, H. (2011). *Der Leib.* Berlin/Boston: de Gruyter.

Tanabe, H. (2011). Versuch, die Bedeutung der Logik der Spezies zu klären. In R. Ohashi (Hrsg.), *Die Philosophie der Kyôto-Schule* (J. Laube, Übers., S. 137 - 183). Freiburg im Breisgau: Verlag Karl Alber in der Verlag Herder GmbH.

Wittgenstein, L. (2001). *Philosophische Untersuchungen; Kritisch-genetische Edition.* (J. Schulte, Hrsg.) Frankfurt am Main: Suhrkamp Verlag.